LES AVENTURES

DE

NICOLAS BELAVOIR

PAR

ARIEL DES FEUX.

I

PARIS — 1852.

HIPPOLYTE SOUVERAIN, ÉDITEUR,

5, RUE DES BEAUX-ARTS.

LES AVENTURES

DE

NICOLAS BELAVOIR.

I

PUBLICATIONS RÉCENTES :

FÉLICIEN MALLEFILLE.
MÉMOIRES DE DON JUAN,
4 vol. in-8°.

THÉOPHILE GAUTIER.
PARTIE CARRÉE,
3 vol. in 8°.

ALEXANDRE DUMAS fils.
TROIS HOMMES FORTS,
4 vol. in-8°.

ANTONINE	LA VIE A VINGT ANS,
2 vol. in-8°.	2 vol. in-8°.

ALEXANDRE DUMAS.
LE DRAME DE 93.
SCÈNES DE LA VIE RÉVOLUTIONNAIRE,
7 vol. in-8°.

AMAURY,	LES FRÈRES CORSES,
4 vol. in-8°.	2 vol. in-8°.

F. DE BAZANCOURT.
LES AILES D'UN ANGE,
2 vol. in-8°.

NOBLESSE OBLIGE,	LES HOMMES NOIRS,
2 vol. in-8°.	2 vol. in-8°.

Paris. — Imprimerie de H. V. de Surcy et Cie, rue de Sèvres, 37.

LES AVENTURES
DE
NICOLAS BELAVOIR

PAR

ARIEL DES FEUX.

(Cte Arthur de Gobineau)

I

PARIS — 1852.

HIPPOLYTE SOUVERAIN, ÉDITEUR,

5, RUE DES BEAUX-ARTS.

CHAPITRE I.

I.

On se donne parfois beaucoup de mal pour souper, et soupe-t-on ?

C'était le soir de la Saint-Marcel, le lendemain des Trépassés, par conséquent le 3 novembre 1588...

Avant d'aller plus loin, je dois dire que plusieurs érudits dont le nom est de quelque poids ont contesté cette date, si importante pour notre histoire, et qu'entre autres le savant Pompifius la porte dix jours plus tard; mais j'ai des motifs, sur lesquels je ne veux pas m'expliquer, pour garder mon opinion. Je soutiens donc, avec la juste opiniâtreté d'un homme sûr d'avoir raison, que c'était le soir de la Saint-Marcel qu'un homme dont je n'ai aucun motif de déguiser le nom, que Nicolas Belavoir parcourait les rues de Melun.

Nicolas Belavoir possédait-il en propre, et par transmission héréditaire, le nom sonore sous lequel je le présente au lecteur? L'avait-il, au contraire, adopté par un de ces mouvemens d'amour-propre qui saisissent parfois au cœur la pauvre humanité, et qui, chez lui, étaient plus fréquens encore que chez les autres? C'est ce que je ne peux dire au juste en ce moment.

Toutes ses connaissances l'appelaient Nicolas Belavoir, et n'avaient jamais soupçonné qu'il eût pu de lui-même se décorer d'une aussi ambitieuse appellation, tant la nature l'avait peu fait pour la porter. Plus tard, quand on aura eu le temps de s'intéresser à ce personnage, je saisirai peut-être l'occasion d'insister sur sa physionomie, sur sa taille, sur ses allures; il me suffira de dire, pour le moment, qu'il semblait fort gauche et qu'il était assez mal bâti, il louchait désagréablement, et traînait un peu la jambe; du reste, ses deux yeux, pris séparément, avaient chacun une certaine expression de bonhomie qui n'était pas déplaisante; mais il fallait les prendre séparément.

Nicolas Belavoir, à huit heures du soir, le 3 novembre 1588, jour de la Saint-Marcel, se trouvait donc au milieu d'une rue étroite de Melun, et soufflait dans ses doigts comme tout homme qui cherche à y appeler la chaleur.

Il faisait horriblement froid, le verglas était uni comme une glace, et il tombait du ciel de certaines petites aiguilles de grésil qui battaient le visage d'une manière particulièrement désagréable et irritante. Pour s'en préserver quelque peu, il aurait fallu un chapeau à larges bords ou une cape à l'espagnole garnie de son capuchon, et Nicolas Belavoir n'avait pas de chapeau, n'avait pas de cape. Sur sa tête rougeâtre et fort crépue se dressait une petite toque en drap ponceau, garnie d'un galon d'oripeau, et ornée d'une plume de coq; il y avait dans cette coiffure une certaine prétention à l'élégance; mais, de bonne foi, c'était tout-à-fait hors de saison.

Le corps maigre de Nicolas était serré

dans un pourpoint de laine verte troué aux deux coudes, et montrant, non pas la doublure, il n'y en avait point, non pas la chemise, Nicolas ignorait ou dédaignait l'usage d'une telle superfluité, mais montrant tout bonnement la chair. Ce pourpoint était ainsi bien déchiré; oui, mais il était garni de verroteries blanches, rouges et jaunes. Avec force galons d'un or aussi fin que celui de la toque. Le haut-de-chausses n'était que de toile, il n'était pas déchiré, il était presque neuf et triomphant; mais, par malheur, au point de vue de l'élégance où je me place pour juger avec équité du costume de Nicolas, qui, certainement, avait pensé beaucoup plus à se faire beau qu'à avoir chaud, la couleur de ce vêtement était mal choisie. Le haut-de-chausses était blanc, et chacun sait combien c'est là une couleur salissante.

Quant aux souliers, je n'en parle pas;

des fentes considérables, des trous lamentables, une séparation violente entre les empeignes et les semelles, témoignaient d'une longévité poussée à son dernier période.

Pour achever la description du costume, puisque j'ai tant fait que de la commencer, je dois noter une petite viole suspendue par un ruban de laine orange sur la hanche de maître Nicolas. Cet ornement musical achevait de lui donner l'air d'un bien pauvre garçon.

Et ainsi équipé et soufflant sur ses doigts, par une température de Sibérie, notre homme s'en allait dans la rue de Melun, que j'ai dite, et qu'on appelait alors, autant que j'en ai souvenance, la *rue des Carpes*.

On demandera peut-être ce qu'il cherchait ainsi dans une solitude complète et à une heure où la promenade ne pouvait pas être un plaisir? Il ne cherchait rien moins qu'à satisfaire à deux des principales fins de l'existence, à savoir à manger et à dormir. Depuis la veille au soir, il n'avait rien pu découvrir qui pût garnir convenablement son estomac, et mis à la porte d'une grange qu'il avait occupée, sans demander permission, pendant deux jours, il était en quête d'un nouveau gîte.

— Si jamais le feu se met dans cette maudite ville, se disait Nicolas tout en réchauffant ses mains de son souffle, je vous jure bien, mon bon Dieu, que ce ne sera pas moi qui servirai à l'éteindre! J'ai beaucoup voyagé dans ma vie, mais je n'ai jamais rencontré des Turcs aussi peu pitoyables que tous les bourgeois de cette cité. Oh! j'ai une faim de loup! Oh! mon estomac se fâche tout-à-fait! Sans compter que mes jambes me quittent et que je commence à devenir glaçon!

Diable! c'est que tout le monde ferme ses portes; il n'y a plus une seule lumière par les rues et on n'en voit qu'aux fenêtres! Scélérates de fenêtres, avec leurs clartés chaudes et appétissantes, elles ont l'air de me rire au nez; quand je pense qu'il y a derrière ces vitrages des bons grands feux dans les cheminées, et que c'est l'heure où l'on met les soupers sur les tables! moi qui souperais si bien!

Si du moins ils aimaient la musique dans cet abominable pays de Satan! Bah! mes meilleures chansons ne m'ont réellement pas valu aujourd'hui un grand merci. Il faut que je sois ensorcelé.

Comme maître Nicolas Belavoir se parlait ainsi à lui-même, il vit venir quelqu'un qui portait une lanterne et une clochette.

Ce quelqu'un faisait avec son instrument un tintamarre qui n'était pas très-horrible en lui-même, mais qui déplut merveilleusement à maître Nicolas.

— Bon, se dit-il, il ne me manquait plus que d'aller passer la nuit en prison! Si ce drôle-là me prend pour un vagabond, je risque fort de faire connaissance avec la geôle!

On remarquera sans doute que la crainte témoignée par notre ami Belavoir serait fort mal comprise aujourd'hui par les gens qui sont dans sa position. Aller en prison n'a rien désormais de bien affligeant, et nous voyons tous les jours, dans les journaux, que des hommes sans préjugés, n'ayant ni pain ni maison, sollicitent sans scrupule l'hospitalité de la justice, et font même faire, pour l'obtenir, beaucoup de sacrifices à leur prochain. Un petit assassinat leur procure aisément l'avantage d'être bien chauffé, bien vêtu et bien nourri aux frais de l'Etat, toutes jouissances que le travail n'aurait pu leur obtenir aussi complètes.

Mais à l'époque reculée où se passe notre histoire, le séjour d'une prison était loin d'offrir les charmes que notre philantropie s'est plue à réunir pour le dédommagement des trop malheureux criminels. Sous le rapport de la température on y était à peu près comme dans la rue, sauf une humidité chronique, seule tapisserie des murs ; on y mourait souvent de faim, et quelquefois les camarades vous mettaient à mal sans que les geôliers s'en inquiétassent le moins du monde.

Nicolas avait encore un motif pour ne pas aimer la prison. C'est qu'il adorait la liberté, et tant qu'à mourir de faim, il voulait que la scène se passât en plein air.

Au moment où il avait aperçu le guetteur de nuit, celui-ci tournait le coin d'une rue à quelques pas de lui, et la lumière de sa lanterne tombant à plein sur le pauvre bateleur, celui-ci s'était vu dans une impossibilité complète de chercher son salut dans la fuite.

— Payons d'audace! se dit Belavoir.

Cette monnaie, hélas! lui était plus familière que toute autre.

Il s'approcha gaillardement du guetteur et lui dit :

— Mon cher enfant, pourriez-vous m'indiquer la demeure de maître Guillaume Gorgebut?

— Tiens, s'écria le guetteur, c'est donc vrai qu'il donne une fête pour la naissance de son fils?

— Parfaitement vrai, répondit intrépidement Nicolas.

Il ne connaissait en aucune manière maître Guillaume Gorgebut, dont il avait seulement entendu prononcer le nom, et il ne voulait qu'avoir l'air d'aller quelque part.

— Ainsi l'ami, tu vas faire des sauts et jouer de la viole pour la naissance du bambin ?

— Oui, certes, répondit Belavoir, et j'ose penser qu'on sera satisfait. Mais le froid pique ; hâtez-vous de me dire mon chemin, car j'ai peur de me perdre dans cette ville que je ne connais pas.

— Tiens, tiens, tiens ! reprit le guetteur d'un air méditatif, il est donc vrai qu'il a un fils, le père Gorgebut ; ma foi, il doit être content ! A soixante ans sonnés ! tiens, tiens, tiens ! il faut que j'aille raconter ça chez la mère Patoche, qui m'a justement fait l'effet ce matin d'acheter de superbes châtaignes!... L'ami, la rue à droite, la seconde à gauche, et tout droit !

— Merci, dit Nicolas Belavoir.

Et il partit d'un pas allègre, absolument comme s'il allait quelque part.

De son côté le guetteur de nuit ne prit aucun soupçon d'avoir à remplir son rigide devoir, tant il était préoccupé de l'idée d'aller raisonner avec la mère Patoche sur le bonheur du vieux bourgeois en mangeant des châtaignes, et au bout d'un instant, chacun ayant tiré de son côté, Belavoir ne vit plus personne sous le grésil, et reprit sa marche lente et ses tristes méditations.

— Eh! mordieu, s'écria-t-il tout-à-coup, pourquoi n'irais-je pas chez ce maître Gorgebut; puisqu'il est si content d'avoir un fils, il me laissera peut-être lui chanter quelque petite chanson. Peste! il ne sera pas malheureux, le gaillard, si je lui fais entendre :

Un bourgeois devant sa bouteille,

ou bien

Le poulet rôti disait au gigot.

Cela vaut bien une croûte de pain, j'imagine. Allons chez maître Gorgebut, s'écria Belavoir violemment; c'est toujours une dernière espérance.

Il savait le chemin, puisqu'on venait de le lui indiquer, et quelques minutes après, il se trouva devant une maison de bonne apparence, avec pignon sur rue, s'il vous plaît, et dont les fenêtres brillantes et surtout la porte ouverte pour laisser entrer les convives témoignait assez qu'on était en gala.

Nicolas Belavoir souffla une dernière fois

et vigoureusement dans ses doigts raides et engourdis où l'onglée s'était établie, donna à sa figure bleuie par le froid, l'expression de gaîté burlesque que les saltimbanques ont à commandement et poussant un cri jovial, se mit à exécuter dans la zône de lumière qui s'étendait devant la maison, une danse dont la joyeuseté désordonnée était destinée à exciter le contentement des convives dont il voulait capter la bienveillance. En même temps, il fit rendre à sa viole les sons les plus gais qu'il put imaginer.

Tant et de si courageux efforts ne furent pas tout-à-fait sans résultat.

Un gros citadin qui gagnait au plus vite le seuil hospitalier de maître Gorgebut, en donnant le bras à sa femme et précédé de son domestique porteur d'un falot, accueillit les gambades de maître Nicolas Belavoir par un gros rire et entra.

Le bateleur ne poussait pas l'extravagance jusqu'à supposer que par le froid de cette soirée, on s'arrêterait à le regarder.

— Allons, se dit-il, tout en continuant ses exercices, courage! Tout-à-l'heure on va me faire entrer!

Il achevait à peine cette réflexion consolante qu'un valet, dont Belavoir admira sur-le-champ le bon pourpoint rembourré, parut sur la porte et lui cria :

— Hohé! le sauteur!

Belavoir interrompit sa pirouette, laissa sa viole en repos et accourut.

— Que vous plaît-il, mon bon seigneur? dit-il à l'envoyé du maître en lui faisant un salut des plus profonds.

— Sais-tu, continua le valet, quelques bonnes chansons bien vives et un peu dégourdies? De ces chansons que les honorables bourgeoises aiment à entendre sans pourtant être forcées de rougir?

— Ah! si je sais des chansons! s'écria Belavoir, j'en sais plus de deux mille, plus de trois mille et toutes des plus nouvelles, aucune n'a un an de date. Je sais la fine fleur de ce qu'on fait de mieux en France, et je corresponds tout exprès avec les rimeurs les plus habiles. S'il plaisait au respectable maître Guillaume Gorgebut et à sa très-honorable compagnie de mettre à l'épreuve mes petits talens, je crois qu'ils auraient tous sujet de s'applaudir, et ils pourraient bien même aller se coucher ce soir avec le mal de côté que donnent de trop violens éclats de rire!

— Entre donc, camarade, dit le valet, et tâche d'ajouter à la joie qui remplit cette maison.

Ces paroles délicieuses résonnèrent aux oreilles de Belavoir comme un solo exécuté par la voix d'un chérubin à l'oreille des élus.

Il ne fit qu'un saut dans la maison et sur les pas du domestique, prompt à refermer la porte pour empêcher l'air froid de s'introduire en trop grande abondance dans le logis, et il se trouva bientôt au milieu d'un grand vestibule où une vaste cheminée entretenait la chaleur la plus agréable.

Nicolas Belavoir s'empressa d'aller se jeter contre la bûche.

— J'ai un peu froid, dit-il en riant. Permettez que je me dégourdisse.

— Bah! dit le domestique, il n'est pas nécessaire qu'un drôle de ta sorte ait bien chaud; viens amuser mon maître, tu te chaufferas ensuite.

— Voilà, pensa le saltimbanque, un coquin de valet qui a le verbe haut et dont les idées ne me semblent pas heureuses. N'importe, me voici entré, je ne sortirai pas sans avoir approximé de très-près ces charmans tisons.

Aussitôt il se remit à la suite de son guide et fut introduit dans la cuisine où se tenait l'assemblée.

En ce temps là, on ne voyait chez les riches bourgeois ni galeries, ni salons. Les gentilshommes eux-mêmes ne se donnaient point ce luxe délicat. La cuisine était le lieu de réunion de la famille; c'était là, en quelque sorte, que s'élevait l'autel domestique; les visites se faisaient et se recevaient dans cette pièce importante, et même, au besoin, on y tenait conseil.

Sans doute, ce n'était point une habitude favorable à la distinction des manières. Le contact constant avec les casseroles et l'odeur du rôti ne permettaient pas de se montrer très-difficile en matière de bon goût; mais on y gagnait en joyeuseté.

Nos pères ont certainement pris au voisinage des fourneaux, aux rapports intimes avec leur cuisinière, les premiers élémens de cette gaîté fortement épicée, que nous célébrons encore sous le nom cher aux cœurs patriotes, de *la vieille gaîté française.*

Si maître Guillaume Gorgebut avait ce soir-là reçu ses amis et amies, voisins et voisines, dans un salon comme ses pareils en ont aujourd'hui, garni de fauteuils en velours d'Utrecht et orné de tableaux représentant *la Coquetterie et la Modestie*, certes on n'eût pas appelé notre pauvre ami Nicolas Belavoir pour contribuer aux plaisirs de la société. Il faut donc nous féliciter d'un usage antique qui semble promettre à l'intéressant sauteur quelque chose comme la chaleur, un souper et un gîte pour la nuit.

Entré dans la vaste cuisine, Nicolas vit d'un coup-d'œil qu'il se trouvait en face d'une table bien chargée de mets et de pâtisseries de toute espèce.

Devant le feu qui montait jusqu'au haut de la cheminée, des broches étaient couvertes d'oies, de poulets, de canards, et autour du festin étaient assis une douzaine de bourgeois et de bourgeoises dans leurs habits des dimanches, tous bien portans, gros, gras, rougeauds, la bouche pleine et pourtant riant et jasant comme des pies; au milieu de la table se tenait maître Guillaume Gorgebut, maître de la maison.

C'était un grand vieillard, assez sec, aux lèvres pincées et dont le regard dur trahissait un caractère peu bienveillant. Bien que la joie épanouit sa figure, il avait l'air d'un fort mauvais vivant.

— Voici le sauteur, monsieur, dit le domestique en montrant Nicolas par un geste dédaigneux.

— C'est bon, répondit maître Guillaume. Il est mal vêtu, ton sauteur. Vous dites qu'il est plaisant, voisin Brillache?

— Il me l'a paru, répondit le bourgeois qui avait salué d'un gros rire les efforts énergiques de notre pauvre ami.

— Allons, mets-toi dans ce coin là-bas, répliqua maître Guillaume, et attends que nous ayons envie de voir tes culbutes et d'entendre tes chansons. Voisin Brillache, vous passerai-je de cette oie farcie?

— Volontiers, dit le voisin en achevant de se bourrer de canard; et il tendit son assiette.

— Bah! murmura tout bas Belavoir en se retirant dans le coin qu'on lui avait assigné pour demeure au plus loin du feu, est-ce qu'on ne va rien me donner à mettre sous la dent? ils ne sont guères hospitaliers dans cette ville de Melun. Holà! mon ami, dit-il tout bas au domestique qui l'avait amené, n'y aurait-il pas moyen d'obtenir de votre généreux maître...

Il fit avec sa main le simulacre de mettre quelque chose dans sa bouche.

Mais le valet le toisa d'un air méprisant et passa sans lui répondre.

Maître Nicolas étouffa un soupir : il aurait voulu être du moins auprès du feu.

II.

Nicolas assiste avec trop de sobriété à un grand festin, et donne une leçon de morale à un bourgeois.

Pendant une bonne demi-heure, les causeries des bourgeois et des bourgeoises continuèrent sans qu'on parût songer au sauteur. Le souper était à son zénith de gloutonnerie, autant on mangeait, autant on buvait, et pour cela personne ne déparlait. Assez souvent la voix de maître Guillaume Gorgebut s'élevait; aussitôt un peu de silence était rétabli et on l'écoutait faire un conte; puis la nécessité de l'applaudir avec force éclats de grosse joie donnait un prétexte pour recommencer le tapage.

Nicolas Belavoir n'eut pas été un spectateur morose de cette scène réjouissante s'il avait eu la moindre assiette pleine à la main. Comment exiger d'un pauvre homme grelottant et attristé par un jeûne forcé de vingt-quatre heures une bienveillance et une bonne humeur complète devant le plaisir de gens au moins indifférens à lui faire partager leur joie? Nicolas avait supporté avec un vrai courage la famine, le froid, et les plus désolantes perspectives, mais il fut impuissant contre le supplice de Tantale.

Debout dans son coin obscur, et voyant

que décidément on ne lui donnait rien ; que même les valets se faisaient un jeu aimable de passer devant lui avec les reliefs du festin, sans consentir à lui en laisser une bribe, il se sentit tout abattu et de grosses larmes coulèrent sur ses joues que le froid avait gercées.

Tout laid, et déplorablement humilié par sa triste profession, qu'il était, Nicolas n'en était pas moins un homme, un homme très susceptible de souffrances physiques et morales, et s'il acceptait sans vergogne les railleries insultantes qui étaient un des plus certains revenus de son métier, il s'en regimbait d'autant plus contre les insultes auxquelles il n'était point préparé.

En cette circonstance, l'amertume de son cœur, son profond découragement égalaient pour le moins sa colère, et il lui fallait tout le sentiment de ce qu'il était pour le clouer silencieusement et immobile dans son coin.

— Quelle misère! pensait-il, en se tordant les mains; on me traite plus mal qu'un chien, on s'amuse à me faire souffrir, et cela sous le prétexte que je suis un baladin! Quel beau crime! j'ai le malheur d'amuser les gens qui s'ennuient! Je suis assez scélérat pour faire rire jeunes et vieux, et cela autorise chacun à me couvrir d'ignominie! Corps Dieu! si j'étais seulement un croquant de village et que je tombasse à grands coups du bâton que je vois là à portée de ma main, sur cette canaille de bourgeois impitoyables, tout le monde trouverait que j'ai parfaitement fait et que leur cruelle plaisanterie méritait une récompense cruelle. Mais moi, Nicolas Belavoir, un sauteur, si j'ai seulement l'air de prendre mal les choses, on va m'envoyer en prison passer ma mauvaise humeur.

Notre malheureux ami en était là de son monologue très-philosophique, mais aussi très-inutile, lorsque maître Guillaume se leva et réclama le silence. Il avait sa serviette passée dans la boutonnière de son pourpoint et il tenait son verre à la main.

— Mes voisins et voisines, je vous propose de boire à la santé de l'accouchée !

— Très-bien ! s'écrièrent les convives, à la santé de l'accouchée !

— Nous allons, j'espère, hurla le voisin Brillache, ne pas oublier celle de l'heureux père ?

— A la santé de l'heureux père ! répéta le chœur des bourgeois.

— Maintenant, dit madame Brillache, à la santé du poupon et qu'on nous l'apporte pour qu'on sache s'il ressemble à ses parens !

— Je ne demande certes pas mieux que

de présenter mon fils et futur héritier à mes bons voisins, s'écria maître Guillaume; la compagnie l'excusera s'il ne lui fait aucun compliment, et même s'il se met à pleurer. Mais au bout de huit jours d'établissement dans la vie, le marmot n'est pas encore fait à tous les usages.

— Rien de plus naturel, dit le voisin Brillache.

Maître Guillaume donna ses ordres à un domestique. Ce n'était pas une petite affaire que de présenter l'héritier de son nom, le fils de sa vieillesse, la cause, l'orgueil qui, en ce jour de fête, épanouissait un laid visage à l'admiration de ses voisins et voisines. Il fallut donc attendre quelque temps avant de voir arriver le poupon.

On charma les instans en continuant avec un redoublement d'enthousiasme les plaisirs auxquels on s'était livré jusque-là, et qui n'avaient pas épuisé, tant s'en faut, le plaisir de l'assemblée. On prenait même si bien patience, que peu s'en fallut qu'on n'oubliât tout-à-fait l'hôte que l'on attendait. Mais heureusement les domestiques bien stylés se souvinrent, eux, des ordres qu'ils avaient reçus, et au bout d'une bonne grosse demi-heure, on entendit des cris et des rires joyeux qui venaient de l'appartement intérieur. La porte s'ouvrit à deux battans et l'on vit apparaître d'abord deux violons et une clarinette qui se donnaient tout le mal possible pour dominer le bruit, et derrière cette musique, une nourrice portant l'enfant de maître Guillaume.

L'entrée de ces importans personnages fut saluée par de vives acclamations. On fit faire au nouveau-né le tour de la table; chaque commère voulut l'embrasser. Du reste, il se conduisit avec le plus rare héroïsme, car il ne poussa pas un cri.

— Messieurs mes voisins, s'écria maître Gorgebut au comble de la joie, quel bonheur pour moi d'avoir ce fils à soixante ans, et quand je suis marié pour la seconde fois! Et dire que c'est une neuvaine à Notre-Dame qui m'a valu cette félicité! Buvons, morbleu! buvons ferme! Que tout le monde rie et chante autour de moi!

Nicolas Belavoir crut, en entendant ces douces paroles, que le moment était venu pour lui de solliciter quelqu'amélioration à son sort, il essuya ses larmes, reprit son air souriant, et, s'avançant vers le maître du logis, il lui dit avec un profond salut :

— Ma foi, monseigneur, vous avez là un bel enfant, je vous en fais mon compliment sincère! Je sais un peu de chiromancie, et rien qu'à voir sa petite main comme je fais d'ici, je lui pronostique les plus heureuses destinées. Oui, monseigneur, cet enfant deviendra cardinal, s'il n'est pape, et mon avis est que pour mettre le dernier trait aux favorables influences qui l'entourent à cette heure, il serait bon de vous signaler par un grand acte de charité comme serait, par exemple, celui de me faire donner à souper sur votre moindre escabeau dans le petit coin de cette bonne cheminée; à côté de ce digne chien que je ferai tous mes efforts pour ne pas déranger.

Nicolas Belavoir, en prononçant ces dernières paroles, leur avait donné involontairement un accent de supplication qui, certes, aurait attendri un rocher; mais le cœur de maître Guillaume était bien autre chose en fait de dureté, que la pierre la plus dure. M. Gorgebut était bourgeois, était marchand, était vieux; rien n'était capable d'attendrir sa morgue.

Il jeta sur Belavoir, à moitié prosterné, un regard de souverain mépris.

— Es-tu fou? lui dit-il, tu veux que je te laisse asseoir dans ma cheminée? un misérable sauteur de ton espèce? mais tu ne sais donc pas la distance qui sépare un bourgeois d'un histrion? Tu mériterais de recevoir cent coups d'étrivières.

— Ah! mon bon seigneur, dit Belavoir tremblant d'effroi, prenez que je n'ai rien dit. Je vais retourner dans mon coin où je suis vraiment fort bien, et là j'attendrai qu'il vous plaise de voir ce que je sais faire.

Cette modestie ne sauva pas Nicolas de la catastrophe qu'il redoutait.

— Ma foi, lui répondit maître Gorgebut, j'avais cru d'abord que tu nous amuserais, et maintenant j'ai tout-à-fait changé d'avis.

Tu es pitoyablement déguenillé ; aussi bien pourrais-tu te montrer tout nu. Sais-tu qu'il n'est pas d'un spectacle agréable de voir tes coudes rougis passer à travers tes manches, et ton cou sans fraise ni collerette?

— Je le sais mieux que vous, dit Belavoir avec une tristesse enjouée.

— Eh bien! décampe, tu ne m'amuses pas du tout. N'est-il pas vrai, voisin Brillache, qu'il faut qu'il décampe?

— Vraiment oui, répondit le voisin qui était déjà un peu gris, et qui n'avait pas pris garde à la conversation. Qu'il décampe, l'insolent! Qu'on le jette à la porte.

L'honnête Brillache était convaincu que Nicolas venait de se rendre coupable de quelque manque de respect. Il était drapier de sa profession et n'avait pas la tête forte, de sorte qu'après avoir servi d'introducteur à maître Belavoir, il servait à le mettre dehors.

Mais cette idée n'était pas du goût de notre ami. A peine avait-elle été exprimée, qu'une terreur mortelle avait envahi son âme. L'image de la rue, le ressouvenir du temps qu'il y faisait, et dont ses membres n'avaient pas encore, tant s'en faut, secoué les ressentimens, tout cela lui donna une envie terrible de rester.

— Monseigneur, s'écria-t-il, laissez-moi seulement essayer de vous montrer mes petits talens! Hé bien! si vous n'êtes pas content, vous me ferez conduire à la porte, et je l'aurai bien mérité pour n'avoir pas su amuser un homme de votre mérite; mais, monseigneur, n'ayez pas cette cruauté de me repousser sans motif! Voyez, mon bon et respectable seigneur, je suis un pauvre diable tout-à-fait inoffensif qui n'a jamais fait le moindre mal à personne! Je ne vous demande pas d'argent! Faites-moi seulement donner un morceau de viande et un verre de vin, et je vous amuserai. Après tout, monseigneur, je suis un chrétien comme vous! Puisqu'il faut vous parler vrai, je meurs de faim et de froid! Faites quelque chose pour me tirer de peine, et vous ne vous en repentirez pas! Dieu vous en tiendra compte, monseigneur. Bah! qu'est-ce qu'une croûte de pain pour un homme comme vous? Je suis naturellement gai, monseigneur, et vous allez voir merveille. Ecoutez seulement.

Belavoir saisit sa viole par un mouvement nerveux et sans attendre une réponse, voulant mettre la prévenir, de peur qu'elle ne fût pas favorable; il entama sa chanson d'une voix saccadée et grotesque :

Le poulet rôti disait au gigot.

Déjà les bourgeois commençaient à tourner la tête et à faire silence pour écouter; mais l'émotion du pauvre Belavoir était au fond si vive, il avait le cœur si gonflé, il était surtout si affaibli par les souffrances qu'il éprouvait depuis deux jours, que tout à coup la voix lui manqua, et il éclata en sanglots.

Le pauvre saltimbanque comprit sur-le-champ combien cet accès de sensibilité mal placée allait lui faire de tort. Il s'efforça d'y mettre un terme; mais sa gorge étranglée ne laissait pas sortir sa voix, et il fut forcé de s'arrêter.

— Voilà un beau farceur, dit une petite bourgeoise toute grassouillette en faisant une moue dédaigneuse; il ne sait seulement pas chanter.

— A la porte! dit Brillache, qui s'endormait sur la table.

— Qu'on le jette à la porte! dit maître Guillaume; et comme il n'a rien fait qui vaille, on ne lui doit rien!

Nicolas se laissa tomber aux genoux du bourgeois, et, sans lui dire une seule parole, il le regarda avec une expression de désespoir indicible; mais rien ne fit. D'un geste, le riche marchand le livra aux mains des domestiques, qui s'avancèrent pour le saisir.

Alors, ma foi, le désespoir donna du courage au chanteur. Il se passa en lui quelque chose d'extraordinaire et d'inusité. Au lieu de se laisser prendre par les valets, il fit un bond jusqu'à la table, empoigna un plat rempli de viande, saisit de l'autre main une bouteille, et, sans attendre qu'on le mît dehors, il gagna la porte, puis le vestibule, puis l'entrée du logis, ouvert en ce moment pour laisser passage à de bons petits convives trop sages pour rentrer tard chez eux, et il s'élança dans la rue, suivi par les grands éclats de rire des bourgeois, des bourgeoises, et de maître Guillaume lui-même.

Il était comme un tigre affamé. Nulle puissance humaine n'aurait pu, sans lui rompre les bras, lui arracher le précieux butin dont il s'était saisi.

Il courut s'abattre à une vingtaine de pas de la maison inhospitalière qu'il venait de quitter, et se mit à manger.

Bien qu'il eut grand froid, il se trouvait moins mal à l'aise qu'au commencement de la nuit. Une sorte de dégel commençait, et le grésil ne tombait plus. Nicolas débuta par déboucher sa bouteille. Le hasard, un hasard débonnaire, voulut qu'elle contint du vin d'Espagne et qu'elle fut pleine.

Cet excellent cordial remit un peu d'équilibre dans l'être du pauvre Nicolas. Après avoir vu de quel trésor liquide il était possesseur, il passa à l'examen des mets.

Il n'avait saisi rien moins qu'un quartier de bœuf rôti; le pain lui manquait à la vérité; mais il n'en était pas à se préoccuper de pareilles délicatesses. Il mit la main au plat et soupa comme un roi, en faisant entendre des ronflemens de plaisir semblables à ceux que les animaux affamés se permettent en pareille rencontre.

Quand il eut soupé et qu'il eut dévoré son bœuf jusqu'à l'os, et vidé consciencieusement sa bouteille, il se releva du coin de la borne où il s'était assis, et se trouva plus gaillard qu'il ne s'était vu depuis longtemps.

Son tempérament était trop habitué aux privations, pour n'avoir pas à un haut degré le don de l'élasticité; à peine sa dernière bouchée, sa dernière goutte de vin avaient-elles atteint son estomac, qu'il avait repris toute sa bonne humeur et toute son intrépidité.

— Allons, dit-il, maître Nicolas Belavoir, mon ami, vous n'en mourrez pas encore de cette fois-ci! Peste! le bon souper. Quel saut j'ai fait jusqu'au milieu de cette table! Et voilà ce que c'est que d'avoir étudié à fond le tremplin! Et ces infâmes bourgeois se sont mis à rire; ils ont trouvé cela plaisant. Vile canaille! Quand je les suppliais, ils me voulaient battre; quand je les ai volés, ils ont ri! Par ma foi, voilà une singulière leçon qu'ils m'ont donnée là, les beaux sires, et si je n'étais pas honnête, je pourrais la mettre à profit. Mais je suis honnête; tu es honnête, Nicolas Belavoir, souviens-t'en toujours et conduis-toi en conséquence. Si la vertu ne te sert à rien sur cette terre, elle ne te sera pas inutile pour ton salut, je te le promets. Mais qu'est-ce qui sort donc de chez maître Guillaume? Eh! pardieu, c'est cet animal de Brillache! c'est lui qui a demandé qu'on me mît à la porte. Qu'a-t-il donc à dodeliner la tête en donnant le bras à sa femme? Eh! ma foi, il a, qu'il est aussi gris qu'un quartaut de vin. Voyez comme une pareille brute est vêtue! Pourpoint doublé, haut-de-chausses de drap de Flandre, grosse cape, chapeau profond. Ah! le vieux coquin! Tandis que moi, un homme d'esprit, un honnête homme, je gèle. Bon! c'est une injustice, et je vais lui prendre sa cape et son chapeau.

Rempli de ce projet qui réunissait, outre les avantages d'une juste vengeance, celui de l'opportunité, Belavoir se glissa le long des maisons et accueillit Brillache au moment où celui-ci allait entrer dans son logis;

le bourgeois en avait déjà ouvert la porte et sa femme était passée par-devant, quand il se sentit saisi tout-à-coup par un bras, par deux bras vigoureux, qui, en un tour de main, le débarrassèrent de son manteau et de son chapeau.

Il poussa un cri et se retourna, et il aperçut son chapeau et son manteau qui s'enfuyaient au plus vite. Il lui fut impossible, tant le tour avait été fait prestement, de rien voir de l'individu qui l'avait ainsi dépouillé.

A ses cris, sa femme revint sur ses pas.

— Qu'as-tu donc? dit-elle.

— On m'a volé, dit-il en faisant un pas comme pour courir après le larron.

Sa prudente ménagère se cramponna à son bras.

— Y penses-tu? s'écria-t-elle. Et si la

rue est pleine de scélérats, que comptes-tu donc faire contre tous?

— Tu as, ma foi, raison, répartit Brillache. Ce qu'il y a de plus sage, c'est de rentrer au plus vite et de bien fermer la porte.

Aussitôt fait que dit. Les judicieux bourgeois gagnèrent le lit conjugal, non sans avoir tiré tous les verrous de leur maison, et en se promettant bien, si à Dieu plaisait que le lendemain les trouvât en vie, de rapporter à toute la ville l'effroyable aventure de la soirée.

Et cependant, Nicolas, l'estomac bien garni, le dos et la tête bien préservés du froid, se sentant pris d'une joie qui n'avait pas de bornes et qui lui fournissait les argumens les plus décisifs pour terrasser les révoltes de sa conscience,

— Il est vrai, disait-il à la bégueule, que ce manteau, que ce chapeau n'ont pas été précisément faits pour moi. Cependant, permettez, ma mie, qu'on vous fasse entendre une objection qui n'est pas sans importance : Croyez-vous qu'un homme blessé dans ses intérêts les plus chers, offensé dans ce qui est plus précieux encore, l'honneur! peste, l'honneur! se doive à lui-même de chercher une réparation? Vous en convenez, n'est-ce pas? A moins d'être la plus indécrottable des consciences, il faut bien que vous en tombiez d'accord. Eh bien! je ne vous apprends rien en vous faisant savoir que Brillache s'était rendu coupable à mon égard des torts les plus graves; d'après les règles de la chevalerie, j'aurais dû le tuer. Ce point est incontestable. Mais je suis un honnête homme, un bon chrétien, et je me suis contenté de lui prendre son manteau, bien moins pour en jouir moi-même, car vous ne me faites pas l'injure de me prêter de pareilles idées! que pour lui rappeler le trait sublime de Saint-Martin qui donna le sien à un pauvre. C'était une manière de lui dire : Brillache, une autre fois, soyez plus poli! Brillache, soyez charitable, mon ami! Brillache, vous avez un très-bon habillement bien doublé et bien chaud; c'est fort bien, sans doute, mais il y a de par le monde des malheureux qui n'ont pas tant de bonheur, et notamment Nicolas Belavoir.

Tout en calmant ainsi les scrupules de sa conscience, notre ami, enveloppé moelleusement dans ses nouveaux atours, cherchait de l'œil un coin pour y passer la nuit, sans être tout-à-fait à la belle étoile.

En cherchant et en se promenant, le sort qui ne voulait pas que son séjour à Melun restât sans avoir de grandes conséquences, le ramena près de la maison de maître Guillaume Gorgebut, et lui fit voir sur le flanc gauche de cette maison une petite fenêtre de grenier, dont un valet peu soigneux avait laissé les volets ouverts.

Aviser cette fenêtre et concevoir aussitôt la pensée de s'y guinder, rien n'était plus naturel dans la position de Nicolas. Aussi le fit-il. Il était agile, habitué à de pareilles expéditions, et en une seconde il se vit au milieu des bottes de foin.

Le grenier était vaste et spacieux. Dans ce temps-là, on ne taillait pas les habitations sur le modèle exigu que nos mœurs nous ont fait adopter. On jugeait assez généralement que trente pieds de long sur vingt-cinq de large, ce n'était pas trop pour un cabinet; une chambre à coucher de quarante pieds de long était juste suffisante; on y plaçait bahuts, chaises à dossiers, et surtout lits qui pouvaient contenir à l'aise des familles entières, et où nous saurions aujourd'hui faire camper des tribus. Qu'on juge donc si les greniers à foin étaient immenses : nous y pourrions établir des casernes.

Celui qui contenait le fourrage de maître Guillaume était construit sur les plus belles proportions, et la provende qui s'y entassait s'élevait de tous côtés en masses majestueuses. Nicolas ne jugeait pas de la chose en fermier, mais en sybarite qui cherche une couche. Il eut bientôt marqué l'endroit de l'œil.

Peindre son ravissement serait impossible. Il s'entortilla dans son manteau, mit son chapeau sur ses yeux et s'étant enterré jusqu'au menton dans le fourrage, il s'apprêta à passer une excellente nuit, non sans avoir remercié Dieu et ses saints, de dormir bien autrement qu'il n'avait craint d'être obligé de le faire une heure en ça.

Il était bien convaincu, le pauvre diable, qu'il atteindrait l'aurore sans mésaventure, et qu'il lui serait plus facile encore de sortir qu'il ne lui avait été d'entrer.

Malheureusement il se trompait. Il avait été aperçu par un domestique, au moment où il faisait son ascension, et cette seule circonstance devait amener, par la loi de l'enchaînement des choses, les plus sérieux événemens.

En attendant, Nicolas Belavoir, qui ne s'en doutait en aucune façon, s'endormit d'un sommeil assez voluptueux.

III.

Belavoir se rend coupable d'un grand crime et passe une très-mauvaise nuit.

Il était onze heures du soir, heure singulièrement indue en 1588, pour tenir table, et tous les invités de maître Guillaume Gorgebut, pénétrés eux-mêmes de cette vérité et sentant leur faute, prenaient les uns après les autres autant d'équilibre que le bon souper qu'ils venaient de faire leur en avait laissé, et, donnant le bras à leurs chastes moitiés, faisaient leurs adieux à l'amphitryon.

— Bien des bonsoirs à dame Barbette, disait-on à tour de rôle à maître Guillaume; son fils est charmant, il est seulement dommage qu'elle soit malade, mais demain matin nous viendrons lui tenir compagnie; pour vous, voisin, bonsoir, et merci de votre bonne réception.

— Adieu, mes amis, adieu, mesdames; venez demain tenir compagnie à l'accouchée, et je vous promets que vous aurez pour soutenir la conversation et aiguiser les caquets force confitures, gâteaux, friandises et de l'hypocras à discrétion!

Maître Guillaume était d'humeur fastueuse, car il avait un grand amour-propre, et il n'eût pas voulu que les bonnes commères du quartier trouvassent à redire sur ses réceptions. Chacun donc s'esquiva à son tour, et bientôt le plus profond silence régna autour du logis.

Sans parler à aucun valet, maître Guillaume avait gagné la chambre à coucher de sa femme. Là, il renvoya les servantes qui soignaient l'accouchée, et s'asseyant au chevet du lit dans un grand fauteuil, il commença la conversation.

— Eh bien! ma mie, demanda-t-il d'une voix sèche, comment vous trouvez-vous?

— Très-bien, mon bon Monsieur, répondit froidement sa femme.

A la voir dans son lit, à la lueur de la lampe placée sur une table de chêne au milieu de la chambre, elle semblait avoir dix-sept à dix-huit ans, et était pâle, mais très-gentillette.

— C'est heureux que vous vous portiez bien, continua le mari ; nous ne devons plus avoir que de la joie sur cette terre, puisqu'il nous est enfin né un fils. Ma mie, je compte vous faire beaucoup de cadeaux.

— Je vous remercierai du fond de mon cœur, répondit la jeune femme.

On voyait à ses regards et à son air embarrassé, qu'elle n'avait pas une grande partialité pour son mari, ce qui n'était pas étonnant.

— Maintenant, reprit maître Guillaume, je ne crains plus de voir mes cousins, sotte engeance, hériter de mes biens, et je pourrai les transmettre directement à un légitime héritier. J'en ressens une joie que je ne saurais exprimer. Vous saurez qu'en outre, j'ai des protections puissantes à la cour, et que, grâce aux richesses que j'ai su amasser, je suis en passe d'être anobli.

— J'en éprouve une grande joie, dit l'accouchée, luttant contre l'ennui.

— Oui, répondit maître Guillaume, je suis en passe d'être anobli. Jugez donc de ma joie en pensant que je léguerai ma noblesse à un fils qui aura force écus pour la soutenir. Nous quitterons Melun où ces imbéciles de bourgeois pourraient être tentés de me manquer de respect, et nous irons nous établir à Paris même, où nous éleverons mon fils pour devenir un gros seigneur dans les gabelles. Je sais bien que ce n'est pas d'ordinaire le métier d'un gentilhomme, mais on y acquiert fort gros, et l'argent soutient bien la noblesse.

Maître Guillaume se tut un instant, et s'abîma dans une méditation profonde; puis, se parlant à lui-même, et résumant sans doute ses réflexions, il prononça à haute voix ces paroles solennelles :

« Messire Guillaume Gorgebut, seigneur de Primefossé, de Rougegorce, Palencourt, Aimecueil, et autres lieux, écuyer, père de messire Annibal César Gorgebut, seigneur desdits lieux, écuyer semblablement, et secrétaire du roi en ses gabelles. » Je ne sais si c'est le vrai titre, mais n'importe, je me comprends. Madame, poursuivit-il, je n'éprouvai jamais une si grande joie; maintenant, dormez; je vais tâcher d'en faire autant.

Il s'en alla et ferma la porte derrière lui. Comme il traversait le vestibule du pas d'un homme qui, à son compte, a enfanté un héros, il fut accosté mystérieusement par un valet.

— Monsieur, lui dit cet homme à demi-voix.

— Hé bien ! que veux-tu ?

— Monsieur, le sauteur que vous avez

mis à la porte; vous en souvenez-vous?

— Un sauteur? ma foi, que veux-tu dire? Ah! oui, je me rappelle. Eh bien! que veux-tu que j'en fasse de ton sauteur?

— Je ne veux pas que vous en fassiez rien; mais il s'est introduit dans la grange et à ce moment il est couché.

— Qu'est-ce qu'il y fait?

— Monsieur, il y dort à poings fermés et ronfle que c'est un plaisir de l'entendre!

— Je n'aime pas que les vagabonds ronflent chez moi; va me chercher tes camarades et nous allons donner une aubade à ce fripon avant d'aller nous mettre au lit.

Au moment où ce terrible orage se préparait contre lui, le pauvre Nicolas dormait avec le calme profond de la vertu. Il était enfoncé dans le foin jusqu'aux yeux, douillettement entortillé dans la belle cape neuve de maître Brillache et la tête suffisamment garantie du froid par le chapeau du bourgeois. Aussi était-il fort à son aise, il avait grand chaud et n'aurait pas donné sa place pour aller s'installer dans un lit royal.

Mais si convenablement qu'il se trouvât, il avait trop l'habitude des revers de fortune pour s'endormir jamais bien profondément au milieu des délices.

Entr'autres qualités nombreuses qu'il possédait, Nicolas Belavoir avait l'oreille fine et le sommeil léger, de sorte que la porte du grenier, en s'ouvrant doucement, trahit les intentions perfides de ceux qui l'ouvraient, et au bruit, Nicolas s'étant réveillé, prêta l'oreille avec inquiétude.

Il reconnut distinctement la voix de maître Guillaume qui disait, mais tout bas, à ses domestiques :

— Faites doucement ! cherchez d'abord où est notre drôle, et quand vous aurez découvert la place, vous lui jeterez sur le corps ces quatre grands seaux d'eau glacée, puis avec vos bâtons, vous le ferez sauter par la fenêtre !

A ces terribles paroles, Nicolas frissonna d'horreur. L'eau glacée l'épouvantait plus encore que la bastonnade; mais il ne perdit point la tête.

La grange n'était pas grande, et éclairée seulement par les rayons douteux de la lune. Tandis que les domestiques cherchaient à tâtons l'endroit où il s'était réfugié, il sortit sans bruit de son trou, se glissa comme une anguille par-dessous les bottes de foin, et au lieu de se diriger du côté de la fenêtre, il rampa vers la porte devant laquelle se tenait maître Guillaume, appuyé nonchalamment sur le chambranle et se préparant à rire du désastre de Nicolas.

Soudain arrivé à deux pas du riche bourgeois, le sauteur se dressa sur ses jambes, se précipita sur son ennemi, le renversa d'un coup de poing en plein visage et tirant la porte de la grange, la ferma rapidement à clé et prit sa course vers la maison.

Il était exaspéré, hors de lui. La méchanceté gratuite de maître Guillaume l'emportait sur sa douceur naturelle, et dans ce moment, il se sentait capable de tout, afin de se venger de l'homme qui le traitait avec une si impitoyable dureté.

Mais tout en roulant dans sa tête ses désirs de vengeance, il ne perdait pas de temps pour sortir de cette infernale maison.

Comme il n'en connaissait pas les êtres, il s'embrouilla dans les passages, les corridors, les chambres, et enfin il arriva dans un cabinet où dormait une paysanne. A côté du lit, était un berceau orné de rubans.

Nicolas n'eut pas plutôt jeté les yeux de ce côté, qu'il se dit à lui-même :

— Bon ! voilà le fils de ce serpent ! Je m'en vais lui faire une plaisanterie, au vieux Guillaume, qui lui apprendra à être plus honnête pour les pauvres diables, ou du moins à les craindre.

Ce disant, il sauta sur le berceau, enleva l'enfant dans ses langes, et sans que la nourrice se fût réveillée, il gagna la porte de la chambre.

Bientôt il eut atteint celle du vestibule ; comme la clé était intérieurement dans la serrure, il eut peu de peine à ouvrir, abaissa les barres en un tour de main, et reprenant sa course, se perdit bientôt au loin dans les rues.

Ce qu'il venait de faire étourdiment et poussé par un mouvement de rage irréfléchie, ajouta bientôt à son désir de fuir.

Il n'avait pas fait vingt pas hors de la maison, que son imagination lui peignit l'énormité du fait. Il comprit sans peine que s'il était repris, la hart ou même le fagot paraîtraient à chacun des punitions trop douces pour un larron d'enfant, et ces terreurs fort légitimes aiguillonnant sa légèreté naturelle, il ne perdit pas un moment pour gagner le rempart.

Melun était fortifié, comme toutes les villes de ce temps; mais aussi avec la négligence qui caractérisait l'époque; on avait en maints endroits laissé le rempart tomber en ruines, de sorte que Nicolas, en s'aidant des pieds et de la main qu'il avait libre, descendit sans trop d'efforts dans le fossé qu'une glace épaisse recouvrait; il traversa à pied sec, et parvenu sur l'autre bord, il reprit sa course avec autant de vivacité que s'il avait eu toutes les maréchaussées du royaume à ses trousses.

Il fit environ deux lieues au galop, puis une lieue au trot, puis il s'arrêta essoufflé. Il regarda tout autour de lui. La nuit était profonde. Il était en rase campagne; seulement des ombres noires qui se dessinaient à l'horizon lui indiquaient le voisinage des forêts. Il lui vint alors une autre idée, qui n'était pas propre à calmer son épouvante.

— Plus d'un honnête homme, se dit-il, a été mangé par les loups pour s'être promené, à cette heure, à dix pas de sa maison. Moi, je viens de faire au moins trois lieues sans en rencontrer un seul. Ne tentons pas davantage la Providence et tâchons de grimper sur un arbre, nous éviterons ainsi les mauvaises rencontres et nous pourrons dormir jusqu'au jour. Quelle singulière idée j'ai eu là d'emporter cet enfant ? que vais-je en faire? D'abord, gagnons un arbre.

Un chêne était tout près. Nicolas y grimpa et s'y blottit avec l'enfant de maître Guillaume dans ses bras.

Je l'ai dit, en enlevant le petit homme, il avait eu l'instinct que c'était là le plus méchant tour qu'il pût jouer à l'impitoyable bourgeois. Il avait certainement deviné juste. Mais la colère et l'esprit de vengeance sont des mauvais conseillers. En satisfaisant sa rancune, il s'était exposé de gaîté de cœur aux plus affreuses punitions.

Si Nicolas Belavoir avait été tout bonnement un bandit, un être profondément corrompu et mauvais, il aurait jeté le pauvre marmot dans le premier fossé venu et aurait gagné au pied, enchanté de la plaisanterie. Mais ce n'était point là l'humeur de notre homme!

Très-doux, en général, il fallait beaucoup

le pousser pour qu'il se fâchât, et encore sa colère tombait vite, et dans tous les cas n'allait jamais jusqu'à exécuter des crimes aussi énormes que celui qu'il eût fallu commettre pour se débarrasser de l'enfant.

Voilà donc Nicolas Belavoir bien empêché.

— Je suis une franche bête, se dit-il, pendant qu'il se tenait à califourchon sur une branche de chêne, le dos appuyé contre le tronc de l'arbre et serrant l'enfant contre sa poitrine. Voilà un petit marmouset dont je ne sais au monde que faire. Je ne peux pas, en bonne conscience, faire l'éducation d'un enfant, encore moins le nourrir; ah! si quelqu'un voulait se charger de la nourriture du corps, je saurais entreprendre avec honneur celle de l'esprit! Je me flatte que Nicolas Belavoir est très-capable d'instruire un jeune homme dans les belles manières. Je lui apprendrais à danser, à chanter, à jouer de la viole, et je ferais, sans nul doute, de ce petit bourgeois, un gentilhomme accompli. Mais il ne suffit pas de lui apprendre les belles façons; malheureusement il faut lui donner la bouillie et je n'ai pas de bouillie ! si j'en avais, j'en mangerais moi-même avec plaisir ! Hohé, petit !... hohé, petit !... Il pleure ? Bon, c'est signe qu'il demande quelque chose !... Que diable peut-il demander ? Hohé, petit, qu'est-ce que tu demandes ? Pardieu, imbécile de Nicolas, il a froid, cet enfant !...

Le saltimbanque commença à mieux serrer son nourrisson dans ses langes; mais cela ne suffisait pas apparemment, car l'enfant continuait à pleurer.

Alors Nicolas ôta son pourpoint et en entortilla encore le marmot. Si on se souvient du vêtement que le pauvre homme avait sous ledit pourpoint, on conviendra que la charité chrétienne ne saurait aller plus loin et que bien des fautes furent remises au pauvre bateleur pour cette belle action.

A ce qui paraît, le moyen réussit, car l'enfant se tut et s'endormit bientôt sur le sein de son voleur, qui lui chantait *gratis :*

Le poulet rôti disait au gigot !

Tout en réfléchissant sérieusement à ce qu'il faudrait faire le lendemain, Nicolas ne débattait pas avec lui-même la question de savoir s'il garderait l'enfant ou non; il n'avait nulle envie de se l'approprier, et d'ailleurs l'impossibilité complète était plus que constatée. Le rendre à sa famille, c'était impossible également, maître Guillaume était un trop terrible homme, et il n'y avait pas à douter qu'au plaisir de revoir son fils il voudrait joindre celui de faire pendre le voleur de ce cher enfant sans vouloir entendre à prendre garde que celui-là même qui l'avait pris le rapportait. Alors donc, que faire ?

Après y avoir bien songé, voici ce à quoi Nicolas s'arrêta :

— Au lever du jour, se dit-il, je tâcherai de gagner un village. Sur le seuil de la maison qui m'offrira la meilleure apparence je placerai mon marmot. Je verrai si on le ramasse. Au cas où on le pousserait du pied, je le prendrai et recommencerai mon épreuve. Il est certain que, de cette façon, l'enfant sera retrouvé sous peu de jours par ses parens, et que ma conscience, la grondeuse, la bégueule, la hargneuse, n'aura plus rien à me dire.

Ce plan de conduite était certainement d'une irréprochable sagesse ; mais, par malheur la destinée avait ordonné autrement de l'enfant, et Nicolas ne devait pas exécuter ce qu'il s'était proposé.

A peine le jour commençait-il à poindre, que le sauteur, gelé, morfondu et à demi-nu, abandonna sans regret son triste gîte, descendit de l'arbre et se mit en chemin. Il lui fallut, bien qu'il n'en eût pas grande envie, s'engager dans les bois; il craignait de voir les loups accourir et ne se souciait nullement d'une telle rencontre.

Le sort se montra bénin; à part quelques hurlemens fort éloignés, il n'entendit ni ne vit rien de nature à l'épouvanter jusqu'au moment où il arriva au sommet d'une petite côte qui dominait une espèce de clairière.

Au milieu de cet espace dépouillé d'arbres, il y avait une maisonnette, telle qu'on en construit pour le séjour des gardes-chasse, et ce qui était bien fait pour atti-

rer l'attention et exciter la curiosité de
Nicolas, quelques litières de voyage attelées
de fortes mules, et une quarantaine de chevaux gardés par des pages, des écuyers,
des soldats, faisaient fouilli autour de la
maisonnette.

— Parbleu ! se dit Belavoir, voilà une
belle occasion pour se débarrasser de mon
enfant... Mais non, ajouta-t-il d'un air pensif, ces gens-là sont ou des chasseurs ou
des voyageurs; s'ils ont assez de charité
pour accepter mon cadeau, ils ne rendront
certainement pas l'enfant à son père, et ma
foi, je suis assez vengé par la peur qu'a sans
doute, en ce moment, ce coquin de Gorgebut !

Cependant, Nicolas avait l'esprit trop léger et trop facile à se laisser séduire par
les nouveautés, pour ne pas s'arrêter à con-

sidérer le spectacle qu'il avait sous les yeux.

Tenant son enfant sous le bras, se mettant derrière un arbre au haut du sentier, il voyait tout le mouvement qui se faisait autour de la maison du garde, et ne considérait pas sans admiration la livrée verte et rouge galonnée d'or des pages, les habits de buffle des écuyers et les cuirasses luisantes des soldats.

Comme il était absorbé dans cette contemplation, il en fut tiré subitement par l'approche d'un personnage qui s'était engagé dans le sentier au-dessous de lui, et qui jusque-là caché par des roches, venait de se découvrir et n'était plus qu'à dix pas environ de Belavoir.

C'était un jeune homme plongé dans la plus affreuse douleur. Tantôt laissant pendre ses bras à ses côtés, il jetait vers le ciel des regards accusateurs; tantôt il serrait ses poings et se frappait la poitrine en disant :

— Mon Dieu! mon Dieu! Quel crime ai-je donc commis pour que vous me châtiez de la sorte!

Ce chagrin si vif fit beaucoup de peine à Nicolas dont le naturel était, comme on sait, très-bon. Il se sentit près de sympathiser avec un jeune homme aussi affligé, et il l'en examina d'autant plus curieusement.

L'étranger était de fort bonne mine. Il pouvait avoir de vingt à vingt-cinq ans; il était noblement vêtu d'un pourpoint de velours violet, à larges manches, garni de fourrures; ses hauts-de-chausses étaient également en velours et sa fraise bien empesée semblait être du point d'Angleterre le plus riche. A son cou, il portait une grosse chaîne d'or avec un médaillon de même métal, enrichi de pierres précieuses. Son bonnet, qui était également de velours noir, était garni d'un travail d'orfévrerie qu'on appelait alors *ourdon*, et qui paraissait d'une grande valeur.

Du reste, ce jeune homme était très-brun, avait une barbe et des cheveux noirs très-fins, et des yeux les plus beaux et les plus expressifs du monde.

Il se trouva tout-à-coup en face de Belavoir, qui, ne croyant pas avoir de motif pour éviter sa rencontre, était resté à son poste d'observation.

L'étranger parut surpris et fâché de voir une figure humaine sur son chemin, et il fit même un mouvement pour s'éloigner; mais ses yeux, qu'il avait seulement portés d'abord sur le visage de Belavoir, tombèrent par hasard sur l'enfant, et il se fit en lui une révolution subite.

— Que portez-vous là ? demanda-t-il d'une voix tremblante et en étendant les mains vers le fardeau de Nicolas.

— Un enfant, mon bon seigneur, répondit celui-ci.

— Un enfant ! un enfant ! répondit le jeune homme avec transport, et si j'en crois mes yeux, il est né depuis peu de temps.

— Depuis huit jours, depuis dix au plus, répondit Belavoir au comble de l'étonnement.

— Ah ! s'écria le jeune homme, vous êtes un ange envoyé du ciel pour me secourir.

— Hélas ! monseigneur, répondit Nicolas trop modeste pour se faire passer pour un ange, on voit bien que vous ne me connaissez pas ; je suis un pauvre pêcheur s'il en fût, et, de plus, saltimbanque.

— N'importe, dit l'étranger, vous êtes un

ange pour moi ! Donnez-moi cet enfant, et je vous jure sur l'honneur de mon nom que vous allez être comblé de biens à rendre envieux les hommes les plus riches !

ange pour moi ! Dominezmoi cet enfant ; et je vous jure sur l'honneur de mon nom que vous allez être comblé de biens à rendre envieux les hommes les plus riches !

IV.

Ce chapitre commence bien, il est lamentable au milieu, et tragique à la fin.

Cette déclaration merveilleuse fit un effet extraordinaire sur Belavoir, et si quelques puritains sont choqués de voir le saltimbanque aussi sensible à la perspective d'acquérir des richesses, des richesses de leur nature si périssables! je les supplie humblement de vouloir bien se rappeler que le pauvre Belavoir était en ce moment, au cœur de l'hiver, à moitié nu, qu'il avait passé la nuit sur un arbre, et que son souper commençait déjà à lui demander l'aide d'un déjeûner pour pouvoir tenir son estomac dans un état quelque peu satisfaisant.

Le sauteur tendit l'enfant au jeune homme par un mouvement spontané; il aurait donné de même tous les enfans de l'univers.

Mais ses yeux tombèrent sur la figure du pauvre petit; il lui trouva, dans son jeune âge, une si belle expression de bonne humeur, de si jolis traits; c'était si bien un être qui demandait à vivre, qu'un remords subit lui vint à la suite d'une pensée profondément lugubre.

Il se rappela que les magiciens, nécromanciens, juifs et autres sorciers, avaient souvent besoin de créatures humaines non baptisées, pour leurs horribles trafics avec le démon, et il n'était pas sûr que le petit homme eût été baptisé.

— Voici, monseigneur! s'écria-t-il; vous ne lui ferez aucun mal : jurez-le-moi par tout ce qu'il y a de plus sacré pour vous!

— Je te le jure, répondit l'étranger avec enthousiasme; cet enfant sera un jour l'héritier d'une race illustre et le plus glorieux seigneur de mon pays!

— Emportez-le donc, dit Belavoir; mais auparavant laissez-moi embrasser le pauvre petit diable qui court si jeune les aventures. Maintenant, n'oubliez pas vos promesses!

— Compte sur la parole d'un chevalier, et surtout ne me suis pas! il y va de ta tête!

— Alors je n'aurai de garde, murmura

Belavoir avec un juste sentiment de ce qu'il devait d'égards à la conservation de sa précieuse personne.

L'étranger enveloppa soigneusement l'enfant dans son manteau de velours noir; inutile de dire qu'il rendit fidèlement à Belavoir le justaucorps en lambeaux que celui-ci réclama. Il cacha son fardeau dans son sein de manière à ce que personne ne pût le voir, mais cependant avec les précautions les plus minutieuses pour que l'enfant n'eût pas à souffrir de sa prudence, puis, sans regarder davantage Nicolas, il descendit rapidement le sentier.

Le baladin le vit traverser la clairière et s'acheminer vers la maisonnette. Il traversa les rangs des pages et des soldats, et devant lui chacun se découvrit avec respect.

— Il paraît que c'est le maître de tous

ces beaux messieurs, se dit Belavoir dont la curiosité était vivement excitée.

Et Belavoir vit sa brillante connaissance entrer dans le logis du garde.

Pour lui, la scène n'était pas finie, le plus intéressant restait; à savoir le père de l'enfant. Nicolas se tenait de garde de s'en aller; d'ailleurs il était naturellement porté d'une manière si forte à s'occuper des affaires d'autrui, que n'eût-il rien eu à gagner, il n'aurait pas reculé d'une semelle.

Peu d'instans passèrent et il vit sortir de la maison un vieillard vêtu de drap noir avec une chaîne d'argent au cou; cet homme s'avança de son côté. Le cœur lui battit vivement.

— Oh! oh! se dit Belavoir en faisant claquer ses doigts avec allégresse, voici la récompense du beau monsieur qui s'achemine vers moi, portée sur ces vieilles jambes! Voici que dans un moment, Nicolas, mon bon ami, mon cher mignon, vous allez être riche comme un échevin! ne vous laissez pas gagner par l'orgueil! ne vous abandonnez pas à l'esprit de convoitise! souvenez-vous toujours, dans votre prospérité, que vous avez été pauvre et qu'on vous a vu avec des pourpoints comme celui-ci! Enfin, soyez charitable, Nicolas Belavoir!

Il en était là de sa harangue, quand le vieillard parut au bout du chemin.

Cet homme, sous ses cheveux blancs, avait la mine fière et même arrogante. Il toisa Belavoir de la tête aux pieds, et probablement lui trouva mauvaise mine, car il lui dit avec hauteur :

— Est-ce à toi, l'ami, à qui un seigneur vêtu de velours violet a parlé tout à l'heure.

— Bellement, répondit Nicolas, dont la fortune, quoi qu'il en eût, avait déjà commencé à tourner la tête, c'est à moi! Vous êtes son intendant, son valet de chambre, son caissier, je suppose.

— Trêve de questions, l'ami; c'est à toi de répondre et à moi d'interroger! Que lui as-tu dit à ce seigneur? Que lui as-tu fait? Pourquoi m'a-t-il envoyé vers toi?

Belavoir, surtout quand il avait bu quelques gouttes à la coupe de sa vanité, était d'humeur revêche et n'aimait pas les airs rogues. De sorte qu'il répliqua avec emphase :

— Maître intendant, je ne sais pas comment tu te permets de me tutoyer. A mon avis, tu devrais respecter en moi l'ami particulier de ton maître, de celui qui te donne du pain, des habits et des coups de pied, quand tu ne marches pas. Je me contenterai donc de te dire que le seigneur a eu avec moi, sur des sujets fort graves, une conversation très-sérieuse qui n'est pas faite pour les oreilles de ses gens. Je suis discret, très-discret, énormément discret, surtout quand on n'est pas poli.

Le majordome se mordit les lèvres.

— C'est parfait, maître insolent, répliqua-t-il; mais puisque tu ne veux pas parler, je sais ce que j'ai à faire. Tiens, voilà ce que monseigneur me charge de te donner.

Et il lui jeta dédaigneusement un petit écu.

Les yeux de Belavoir, qui s'étaient ouverts démesurément pour pouvoir embrasser d'un regard la grosse chevance qui devait le rendre riche à jamais, lancèrent des flammes à cette déconvenue.

— Comment, coquin! est-ce ainsi que tu me voles, après le service important que j'ai rendu à ton maître.

— Toi, un service! s'écria le vieillard en éclatant de rire. Voyez donc ce croquant qui a la prétention de servir monseigneur ! mais sais-tu bien ce que c'est que monseigneur, stupide animal que tu es !

— Stupide animal ! hurla Belavoir furieux; tiens, voilà pour stupide animal !

Et sans réfléchir davantage, car il était essentiellement l'homme du premier mouvement, il se précipita sur son adversaire et lui bâilla deux vigoureuses gourmades à travers le corps.

Le majordome, ainsi maltraité, recula de quelques pas et se mit à pousser des cris affreux. Mais Belavoir était trop exaspéré pour faire attention à ces plaintes, et il continua à charger sa victime, en l'accablant d'encore plus d'imprécations que de coups.

Mais les cris du majordome, soutenus des vociférations de son antagoniste furent promptement entendus des soldats qui étaient autour de la maison, et qui s'empressèrent d'accourir.

Heureusement pour Belavoir, il aperçut à temps ce renfort, et assénant à son ennemi, en matière d'adieu, un vigoureux coup de pied, il prit sa course à travers le bois et se déroba à la poursuite du corps auxiliaire, contre lequel il ne pouvait pas raisonnablement espérer de lutter avec avantage. Les plus grands généraux n'eussent pu tenir une conduite plus judicieuse.

Mais hélas! quand Nicolas eut suffisamment couru pour être en droit de se croire en sûreté, les réflexions les plus désolantes l'accueillirent en foule.

— Vrai dieu! se dit-il, je ne sais sous quelle malheureuse influence je vis depuis quelques jours; jamais je n'eus un plus constant guignon! Mon existence se passe à fuir ! Je n'ai de joie que les petites vengeances qu'il m'est permis de tirer des gens qui se font mes ennemis, Dieu sait pourquoi ! Et avec le caractère le plus doux, le plus serviable, le plus ami de la joie qui existe, à l'un je vole son enfant, à l'autre j'enfonce au moins une côte ! Ah ! Belavoir, tu es bien malheureux !

Si encore le vol de l'enfant m'avait servi à quelque chose ! Mais point, j'ai passé une nuit affreuse, tout nu sur un arbre, comme un moineau en mue, et la conduite de vrai païen sauvage que j'ai tenue en vendant cette innocente chair humaine ne m'a profité de rien par la scélératesse gratuite de ce scélérat d'intendant.

Décidément, je suis ensorcelé ou pour mieux dire, non ! Belavoir, tu es trop délicat ! tu aurais dû raconter de fil en aiguille au laquais les secrets de son maître et le laquais t'aurait couvert d'or ! Bah ! la vertu sera toujours mon défaut ! Il faut convenir pourtant que j'ai là un magnanime caractère ! »

Ainsi raisonnait Belavoir. Il cherchait dans son amour-propre quelques maigres consolations contre l'adversité acharnée à le poursuivre; qui aurait le courage de lui reprocher ce pauvre baume ?

Cependant, comme il faisait aussi froid que la veille, attendu que la gelée avait repris, que ses habits étaient toujours les mêmes et qu'il avait recommencé à avoir grand faim, il comprit que le soulagement moral ne suffisait pas, tant s'en fallait, à le restaurer complètement. Il était pourtant homme de courage.

— Ma foi, se dit-il, en frappant du pied, tant pis ! J'aurai faim, j'aurai soif, j'aurai froid ! Mais il faut que je sache ce que c'est que ce beau mignon ! Je lui ai vendu un enfant, je veux savoir ce que devient cet enfant, car il est mien, il m'appartient, le pauvre petit, je suis devenu son tuteur, son unique protecteur au pauvre innocent ! Bon ! je vais m'informer résolument de ce qu'on en fait !... puisque je l'ai vendu comme un coquin que je suis quelquefois... Mais pourquoi coquin ? de quelle façon, indigne Belavoir, oses-tu bien te calomnier toi-même ? Je ne l'ai pas vendu puisqu'on ne me l'a pas payé. Ah ! cette pensée me console et rafraîchit mon âme ! Quel bonheur de se trouver pur ! Il ne me manquerait plus que d'avoir à déjeûner et de posséder encore le manteau de Brillache. Ah ! alors mon bonheur serait au comble !

Belavoir essaya de glisser ses mains engourdies dans les goussets de son haut-de-chausses de toile pour les réchauffer, et prenant un pas de course, il retourna à la clairière.

Le malheur voulut qu'il s'égarât plusieurs fois, plusieurs fois il fut obligé de revenir sur ses pas et de marcher à travers le taillis, dont les ronces firent de notables accrocs à ses grègues, qui rendirent à peu près le dernier soupir dans cette expédition, où sa peau paya du reste comme les vêtemens. Mais Belavoir était entêté.

Enfin, il retrouva la droite voie ; il reconnut les lieux par lesquels il avait passé le matin, et il se retrouva à l'entrée de la clairière à très-peu de distance de la place où son aventure lui était arrivée.

Mais il était trop tard. Autour de la maisonnette il n'y avait plus personne. Les litières, les chevaux, les pages, les écuyers, les soldats, tout avait disparu. Il ne restait plus que des brins de foin et de paille épars autour de la maison rustique.

— Hé! hé! se dit Belavoir, au milieu de cette nourriture de chevaux, je trouverai peut-être quelques croûtes. Il ne faut pas être fier quand on en est réduit où j'en suis. Il est arrivé aux plus grands seigneurs de manger les restes des rois, et d'après ce que j'ai entendu, je puis, sans déroger, moi qui n'ai pas un orgueil en délire, accepter du hasard les miettes laissées par le riche étranger avec lequel j'ai eu des relations amicales.

Belavoir descendit dans le vallon. La maisonnette était abandonnée et la porte était restée ouverte. C'était une de ces demeures que les gardes quelquefois, habitent l'été, mais qui, l'hiver, restent ordinairement vides et solitaires.

Le saltimbanque entra sans difficulté dans

ce logis qui venait d'abriter de si illustres têtes. Il avait une arrière espérance d'y voir quelque sac de pièces d'or oublié dans un coin; car, dans son opinion, un grand seigneur devait avoir toujours sur lui tant d'argent, tant d'argent qu'il n'en savait que faire.

Hâtons-nous de dire que l'opinion de Belavoir étant complètement erronée; il ne trouva pas de faits pour la justifier.

La cabane avait deux chambres. Dans celle du fond, il n'y avait d'autre trace de séjour que quelques linges. Belavoir remarqua avec effroi qu'ils étaient ensanglantés. Il ne s'arrêta pas en ce lieu funeste, et revint à la première pièce. Dans le coin gisaient des croûtes de pâté. C'était de meilleur augure.

Nicolas était d'humeur légère. Il ne pensa plus aux linges sanglans aussitôt qu'il eut vu le pâté; mais battant un entrechat et pirouettant sur lui-même, il s'écria avec enthousiasme : Voilà mon déjeûner ! faisons un peu de feu.

Il avait sur lui un briquet, à savoir : un morceau de fer et un brin d'amadou. Il prit une pierre et avec de la paille, des feuilles et des morceaux de bois qu'il prit dans la forêt, il alluma dans la première chambre un vaste brasier, et attirant à lui ces débris de comestibles que son bon génie avait mis à part pour lui, il se mit en devoir de rétablir ses forces.

Cette opération dura long-temps. Il y trouvait trop de plaisir pour l'abréger. S'il avait eu du vin ! mais il n'en avait pas, et il lui fallait se contenter de casser la glace d'un ruisseau voisin pour boire du plus antique et du plus simple des breuvages.

Cependant il mangeait, et c'était pour lui inappréciable. On conçoit aisément que pour un pauvre diable qui enlevait chaque repas au hasard, comme un général enlève des redoutes à l'ennemi, chaque repas était une victoire et résumait mille plaisirs outre celui de se sustenter; plaisir d'amour-propre, plaisir d'avoir vaincu une difficulté, plaisir de la surprise, plaisir d'avoir réparé ses forces... Il y en avait de mille espèces.

Et se chauffer ! n'était-ce rien ? C'était tant, qu'une heure après avoir englouti sa dernière croûte, Belavoir était encore plongé devant la flamme brillante dans une contemplation muette et pleine de béatitudes exquises.

Enfin, le souvenir lui revint, il redescendit sur la terre, et il s'écria tout haut, bien qu'il n'eût à parler qu'à lui-même :

— Ah ça ! et mon pupille ? Il me semble que j'oublie tout à fait mon pupille. Ce n'est pas l'embarras, il doit être loin à cette heure, car ces ravisseurs ont une grande avance sur moi. N'importe! mettons-nous en route. Par bonheur, j'ai vu aux pas des chevaux, empreints sur la neige, que la cavalcade ne se dirigeait pas du côté de Melun où je me suis bien promis de ne jamais remettre les pieds; je puis donc courir après le pauvre garçon. Il est vrai que l'on pourrait parier cent contre un, que je ne le rattraperai pas; mais il faut toujours tenter l'entreprise, et savoir quels sont les gens qui l'emmènent: chrétiens ou maures, Français ou étrangers. Mon adresse y suffira du reste.

Belavoir se leva et se hâta de sortir de la maison. Il n'avait pas fait vingt pas qu'il remarqua que la neige avait été remuée circulairement sur un emplacement près du bois. Sa curiosité ne lui permit pas de passer sans s'être informé au préalable de ce qu'on avait fait là. Il repoussa avec ses pieds la neige qu'on avait amassée et mit à découvert un petit monticule formée de terre fraîchement remuée. A dire le vrai, ce monticule ressemblait parfaitement à une tombe.

Le sauteur sentit un froid tout particulier se glisser dans ses veines, y parcourir tout son corps, ses cheveux se dressèrent sur sa tête, ses dents claquèrent d'épouvante. Il jeta un regard craintif autour de lui et crut un instant voir sortir de la forêt sombre et épaisse mille scélérats armés de pied en cap et acharnés à le punir d'avoir découvert un horrible secret.

Les linges ensanglantés qu'il avait trouvés dans la chambre du fond de la maisonnette lui revenaient en mémoire et redoublaient son épouvante; peu s'en fallut qu'il ne tombât en faiblesse ou qu'il ne s'éloignât avec horreur de ce lieu fatal.

Mais Belavoir était loin d'être lâche; sa conscience d'ailleurs le poignardait de reproches; il s'accusait d'avoir été la première cause de l'horrible forfait commis en ce malheureux jour. Mais avant de s'accuser, il fallait réellement savoir s'il était réellement coupable; cette pensée consolante lui vint tout-à-coup.

— Allons, se dit-il, en retrouvant quelque fermeté, je perds la tête; des linges ensanglantés ne sont pas toujours la preuve d'un assassinat; quelqu'un peut s'être coupé, blessé, avoir saigné du nez, que sais-je. Ce trou... on peut l'avoir fait pour.... je n'en sais rien, moi ! Mais il peut exister mille raisons pour faire un trou dans la terre outre celle d'y mettre une victime ! Allons, allons, ayons le cœur net de tout ceci et ne nous exposons pas, pour une chimère, à pleurer toute notre vie ! Cet étranger avait d'ailleurs l'air si doux! Il était si jeune! Non, ce ne pouvait pas être un sorcier sanguinaire, ou je ne m'y connais pas!

Belavoir se mit à genoux sur le monticule de terre et commença à travailler courageusement à l'aide d'un morceau de bois qui lui servit de pelle. Mais il n'avait pas rejeté de côté trois poignées de terre, qu'il devint pâle comme un mort et ne se soutenant plus, il tomba sur le côté.

Il avait devant les yeux un petit bras d'enfant tout blanc, tout potelé, et qui évidemment, avait été enterré le matin même.

Il ne voulut pas en voir davantage. Il eut la force de rejeter sur ces tristes dépouilles et la terre et la neige, il y ajouta quelques pierres en manière de monument pour empêcher les loups de déterrer le corps, et il s'éloigna d'un pas chancelant.

Il était mal à l'aise dans ces bois profonds,

et il pleurait à chaudes larmes. Belavoir était un pauvre sauteur qui avait reçu beaucoup de coups, beaucoup d'injures dans sa vie, qui avait souffert énormément, tout jeune qu'il était, car il n'avait pas plus de vingt-cinq ans, disons-le en passant, mais il n'avait jamais sérieusement nui à personne.

— Voilà mon début, disait-il. Il est joli ! Un enfant volé, vendu à des misérables, assassiné, sans doute, après avoir subi les plus affreuses tortures ! Je ne mérite plus de vivre ! Je vais aller me livrer moi-même à la justice. Je suis le dernier des misérables.

Et, tout en poussant des gémissemens sincères, Belavoir se mit en route sans bien savoir où il allait.

V.

Belavoir ne se livre pas à la justice, fait une rencontre, raconte son histoire, et devient pédant.

Mais il n'était pas homme à rester sous un poids aussi lourd et aussi lugubre que les pensées dont il était accablé, ce pauvre Belavoir. Sa vie avait été si agitée et si malheureuse, il avait vu tant d'infortunes diverses, mais toujours mauvaises; qu'il lui avait certes fallu, pour leur échapper jusqu'à ce jour, une élasticité de cœur et d'esprit sans laquelle l'existence lui aurait été bien certainement impossible.

Au bout d'une heure, il marchait d'un pas plus allègre. Il n'était pas consolé, tant s'en fallait; mais il ne songeait plus à s'aller faire pendre, et s'éloignait, au contraire, à grands pas, de Melun et de son voisinage. Pourtant il était triste, bien triste et fort mécontent de sa destinée.

Il avait quitté les bois, et était entré dans une grande plaine que traversait le chemin dont la neige avait, du reste, parfaitement effacé les démarcations. Le ciel était déplorablement gris, quelques arbres dépouillés se montraient çà et là. On ne voyait pas une maison, pas une chaumière. C'était une scène de désolation.

Après avoir marché deux ou trois heures, Belavoir entendit derrière lui les pas d'un cheval, et s'étant retourné, il vit venir de loin un cavalier qui portait en croupe une dame.

Au travers de la brume, il ne pouvait d'abord démêler les traits des deux arrivans; mais lorsque la distance se fut raccourcie entre lui et eux, il reconnut que le cavalier était très-jeune, pouvant avoir dix-huit ans au plus, et que la dame, à peu près du même âge, devait bien être sa sœur, tant elle lui ressemblait.

Ils étaient fort jolis tous les deux et gentiment atournés. Le jeune homme avait un justaucorps de drap gris et des chausses pareilles avec de grandes bottes montantes en cuir fauve, garnies d'éperons d'argent; il avait une fraise bien repassée, bien gaudronnée, qui encadrait son visage blanc et rose où la moustache ne faisait que d'apparaître. Une jolie épée pendait à sa ceinture de marocain noir, et son bonnet de velours était orné d'une plume blanche retenue par une agrafe d'or ou tout au moins de vermeil.

Il avait en outre un grand manteau de drap pareil à celui de son justaucorps, mais, soit qu'il voulût donner plus de facilité à sa compagne pour qu'elle pût entourer son corps de son petit bras, soit qu'il n'eût réellement pas trop froid, ce manteau allait balant sur le cou du cheval qui était un vigoureux normand dont l'humeur semblait sérieuse, bonne pour tempérer la fougue d'un cavalier trop jeune.

La demoiselle n'était pas vêtue d'une manière moins avenante. Elle avait une robe montante en drap vert, garnie de petites torsades de soie gros vert et or, sa fraise était aussi brodée de fil d'or, et sa figure était enveloppée ainsi que ses épaules dans une mantille de soie noire; mais elle ne l'était pas si bien qu'on ne pût découvrir des yeux bleus d'un charme infini, pleins de malice et de vivacité, de belles boucles blondes et des joues dont l'air vif rehaussait en ce moment l'incarnat naturel.

En tout autre moment, Belavoir eût été ravi d'une pareille rencontre qui lui semblait fournir l'occasion de déployer ses talens nouveaux. Oui, en tout autre jour, il n'aurait pas manqué de songer que la jeunesse étant portée vers la joie par tempérament, ne pouvait jamais considérer avec indifférence tout homme qui lui en procurait, et il aurait fait avec sa viole un appel à la générosité des nouveaux venus.

Mais il se sentait trop abattu, et contrairement à ses principes, il se résolut à demander l'aumône au lieu de se mettre à chanter et à danser.

Quand le cheval normand fut à deux pas de lui, il prit piteusement son bonnet ponceau à plume à la main, et cherchant à imiter le ton nazillard des mendians qu'il avait en plus que personne occasion de fréquenter, il fit face du côté de la route, et se mit à marmotter :

— La charité, s'il vous plaît, mon bon monsieur, ma respectable demoiselle ! je prierai Dieu pour vous.

— Ma foi, j'en ai grand besoin, répondit le jeune homme. Tiens, mon ami, mets cela dans ta poche.

Et il jeta à Belavoir un gros écu.

Nicolas ne fit pas comme avec l'argent du majordome, il ramassa soigneusement la grosse pièce ; mais il pensa qu'il aurait pu en avoir deux au lieu d'une dans sa poche, et cette idée le ramenant bride abattue vers un souvenir pénible, il eut à peine la force de remercier le vénérable jeune monsieur et la respectable et digne jeune demoiselle.

— Qu'as-tu donc, mon ami, lui dit le cavalier avec étonnement, tu as l'air mal satisfait de mon offrande ? Serais-tu par hasard de ces gens mal inspirés qui ne se trouvent jamais avoir reçu assez.

— Oh ! que nenni, répondit Belavoir en secouant la tête d'un air triste; je reçois trop rarement pour être porté à l'ingratitude. Mais je ne veux pas vous cacher qu'il ne m'est pas agréable de recevoir la charité. J'ai un métier, monsieur, et j'aime à gagner mon argent.

— En effet, dit le jeune homme, à ta viole et aux tristes haillons qui t'habillent sans te couvrir, je vois que tu es baladin.

— Vous me direz, reprit Belavoir en baissant la tête, que c'est une triste profession. Je m'en suis aperçu depuis long-temps, monsieur, mais encore est-ce une profession; quand je vous ai chanté une chanson ou exécuté une cabriole qui vous a fait rire, j'ai gagné mon salaire, et d'autant mieux qu'il m'arrive souvent de travailler pour des gens qui ne me paient pas. Aussi, je me crois en droit tout comme un autre de me mettre au-dessus des gens qui vivent de la charité publique.

— Tu n'as pas tort, mon pauvre garçon, répliqua le jeune homme d'un ton de commisération profonde, et puisque tu possèdes, dans un état où on ne s'attendrait pas à les trouver, des sentimens si nobles, pourquoi ne gagnes-tu pas l'argent que je t'ai donné en essayant de nous divertir?

Nicolas, le pauvre garçon, n'était pas habitué à ce qu'on lui parlât avec cette douceur. Il recevait d'ordinaire peu de bonnes paroles, et les larmes lui roulèrent toutes grosses dans les yeux en se voyant traité ainsi.

—Je ne danse pas, monsieur, et je ne chante pas, parce que je n'en ai pas le cœur. Depuis deux jours, je suis plus malheureux que je n'ai jamais été, et je vous avoue que mes chansons me restent dans la gorge, quand je veux les dire, et m'étoufferaient plutôt que de sortir. Je ne sais pas, en vérité, ce qui se prépare pour moi, mais je suis si accablé par le mauvais sort, et mon courage est si bien perdu, que je n'ai pas d'espoir désormais de me tirer de peine; aussi vais-je probablement expirer de misère sur cette route avant qu'il soit jour.

—Pauvre homme, dit la jeune fille qui n'avait pas encore parlé, et qui attachait sur le malheureux saltimbanque des regards remplis de la plus douce piété.

— Ma foi, dit Nicolas en riant, j'aurai toujours vu des braves gens avant que de finir ! A vous dire vrai, je n'en connais pas beaucoup ; mais je suis content de vous avoir rencontrés ! Si je vis, je boirai un bon coup à votre santé avec votre écu ; si je me laisse au contraire mourir comme une bête, eh bien ! vous pourrez vous dire que vous avez eu les dernières bénédictions d'un pauvre diable bien malheureux. Ce n'est pas grand chose, je le sais ; mais en tout cas, il ne peut vous en revenir aucun mal.

En parlant ainsi, Nicolas pleurait.

— Allons, mon brave homme, dit le jeune cavalier, ne te désoles pas. Chacun a ses malheurs ; si tu crois que ma sœur et moi nous sommes heureux, tu es dans une erreur bien grande. N'est-il pas vrai, Charlotte?

— Ah! certes oui, répliqua la jeune fille en pleurant à son tour; il est certain que nous sommes bien malheureux!

— Vous, malheureux? s'écria Belavoir: eh! que vous manque-t-il donc? Vous avez de bons habits, un vigoureux cheval, certainement vous avez déjeûné, vous souperez, et vous n'êtes pas sans savoir où vous coucherez; question indiscrète que depuis trois mois j'ai renoncé à m'adresser à moi-même. Je ne puis pas comprendre qu'il y ait des infortunes au monde, outre celles-là, valant la peine d'arrêter des gens d'esprit.

— On n'a pas toujours de l'esprit, à ce qu'il paraît, répondit le jeune homme avec un sourire mélancolique, car malgré tous les avantages que tu as pompeusement énumérés, je suis fort à plaindre ainsi que ma sœur.

— C'est apparemment que vous ne savez pas vous tirer d'affaire. Et voilà ce que c'est que les gens heureux! Ils manquent absolument d'industrie; je suis sûr que si je connaissais ce qui vous chagrine, je trouverais bien un moyen de vous remettre la gaîté dans le cœur.

— Ce n'est pas impossible, répartit le cavalier après avoir réfléchi pendant une minute. J'ai souvent entendu dire que les gens de ta sorte avaient des expédiens merveilleux pour sortir de presse, et je ne répugne nullement à te faire juge de ma situation.

— Quoi! mon frère, dit la jeune demoiselle d'un air piqué, allez-vous donc raconter à cet homme les affaires de notre famille?

— Et pourquoi non, Charlotte, je te prie. Ces affaires ne sont pas pour être tenues secrètes. Tout le pays ne saura-t-il pas notre double destinée avant qu'il soit deux jours?

D'ailleurs, la figure de ce garçon-là me revient.

Malgré le sentiment de chagrin qui ternissait le joli visage de la demoiselle, elle ne put retenir un sourire un peu railleur en laissant glisser un regard sur la personne de Nicolas Belavoir. Le sauteur s'en aperçut.

— Il est vrai, mademoiselle, dit-il, que je ne suis pas beau. Outre que madame ma mère n'a pas bien réussi en me créant, la misère m'a bien déformé; mais la beauté n'est pas la sagesse, et je puis donner un bon conseil, mieux que bien des gens droits et pimpans.

Charlotte craignit d'avoir affligé le baladin, et elle baissa les yeux en rougissant. C'était une bonne petite nature de jeune fille, rare aujourd'hui, plus rare encore dans ce temps à demi-sauvage.

Le jeune homme reprit :

— Tu as redressé comme il convenait le jugement de ma chère sœur. Comment t'appelles-tu, mon brave conseiller?

— Nicolas Belavoir, pour vous servir. C'est un nom qui ne me sied pas bien, n'est-ce pas, mademoiselle.

— Tu es rancunier, Nicolas Belavoir, dit le cavalier. Mais je passe sur ce défaut en faveur des qualités d'adresse que je te suppose. Je veux bien te dire que nous avons nom de La Mothe-Baranne, que ma sœur s'appelle Charlotte et que je me nomme Louis; le baron Louis de La Mothe-Baranne.

Belavoir salua jusqu'à terre.

— Mon ami, il me vient une idée, dit le jeune homme.

— Laquelle, monsieur le baron?

— C'est qu'avant d'avoir recours à tes avis, je ne serais pas fâché de savoir comment tu as appliqué ta sagesse à tes propres affaires. Car certainement, pour toi tu as fait de ton mieux, et il ne me semble pas que ta prudence t'ait conduit dans une bien heureuse position.

— Ah! répliqua Belavoir, c'est que vous jugez à la légère. Pour que la sagesse profite, il faut qu'on ait déjà un certain fonds de bonheur, petit ou grand, à exploiter avec économie. Que voulez-vous que la misère engendre? La misère seulement. Avec des zéros les uns au bout des autres, on ne fait jamais que zéro, et je suis malheureux malgré mes excellentes idées, parce que je n'ai jamais eu la plus petite veine de bonheur.

— Voilà qui est curieux, dit le baron. Raconte-moi ton histoire avec autant de véracité que possible, pour que je puisse juger si tu as tort ou raison.

— Je ne demande pas mieux; mais veuillez

modérer un peu le pas de votre cheval. Je m'essouffle à courir après vous et il me serait impossible de vous faire en courant un récit aussi pathétique.

— Sachez donc, monsieur le baron et vous mademoiselle, que la famille des Belavoir, bien que j'en sois le rejeton, m'est complètement inconnue. Ai-je eu un père? ai-je eu une mère? Je n'ai d'autres motifs de le croire que l'usage que je vois être assez généralement répandu d'être le fils de quelqu'un; autrement je n'ai jamais eu la moindre nouvelle des auteurs de mes jours. Quand je réfléchis aux soins qu'exige la première enfance, quand je songe aux dangers de toute espèce qui entourent les marmots, lesquels n'ont aucun moyen de se défendre, je ne puis vraiment me rendre compte de la manière dont j'ai traversé mes premières années.

— Sans doute, fit remarquer mademoiselle de La Mothe-Baranne, vous avez été élevé dans quelque hôpital ?

— Je n'en crois rien, car il m'en serait resté quelque souvenir, si confus qu'on le veuille penser. Je n'ai mémoire que d'une grange et d'une vaste écurie où je vaquais à l'âge de quatre ou cinq ans, pêle-mêle avec les chevaux et la volaille. Je pouvais avoir cinq à six ans, lorsque je fus horriblement battu, je ne sais pourquoi ni par qui. Mais à la suite de cette correction brutale je pris la fuite et j'errai dans les champs où je souffris beaucoup de la faim. C'était en été, et je me nourris d'herbage; le relief n'était pas très-bon à manger, mais on ne meurt pas pour manger mal.

— Ainsi mal nourri, je serais mort, dit le baron.

— Ah ! moi aussi, dit la jeune fille.

— Admirez donc la supériorité de ma nature. Je ne mourus point ! mais j'ai tout lieu de croire que ce régime n'est pas sain et je ne vous le recommanderai pas. Je ne sais, du reste, combien de temps je le pratiquai, parce que tous ces souvenirs sont fort brouillés dans ma tête, et enfin je trouvai un asile dans une troupe de sauteurs qui se chargea de mon éducation.

On m'apprit de merveilleuses choses ! on me disloqua les bras et les jambes, on me rompit tout le corps à cette fin de le rendre plus souple. Je devins un élève distingué, et dès l'âge de huit ans, je faisais les exercices les plus difficiles sur la corde raide. Un jour, à l'entrée d'un gouverneur dans une ville dont le nom m'échappe, le conseil de la ville imagina, sous l'inspiration d'un savant, de me faire descendre d'un premier étage sur une corde, en dansant, et sous le costume de l'Amour, pour placer sur le front de monseigneur une couronne de myrtes et de lauriers. Je réussis très-bien dans la partie la plus difficile de ma tâche; mais en arrivant au-dessus de la tête de monseigneur, au lieu de poser délicatement la couronne sur un front radieux, en me baissant, je perdis l'équilibre et tombai sur le héros que je fis choir à bas de son cheval en même temps que moi.

— Se fit-il mal? demanda le baron.

— Non, il eut le bon esprit de me mettre dessous. Pour moi, je me cassai une jambe; puis, en récompense de ma maladresse, je fus mis en prison, j'y reçus force coups de lanières, et je n'en sortis que pour aller tomber sous les verges de mes maîtres, à qui ma retraite forcée avait fait perdre beaucoup d'argent, attendu que j'étais le plus habile sujet de la troupe.

Un an après, mes forces m'étant revenues, et l'esprit de révolte ayant germé dans ma tête, avec un brin de jugement et de sagacité que m'apportait l'âge, je pris la fuite; je me trouvais assez savant pour travailler moi seul.

Mais, j'étais sans expérience, et je m'aperçus bien que le plus beau génie ne peut se passer des accessoires. J'avais cru à la seule influence du talent, et j'ignorais que le public a besoin, pour applaudir, de la grosse caisse, du flageolet, du tambour de basque, et des brillans costumes. Je mendiai quelque temps; mais je vous ai dit ma répugnance pour cet abaissement. Enfin, à force de chercher, je trouvai une fort belle position.

— Et laquelle, mon ami ? Jusqu'ici, ton histoire a été passablement lamentable, j'espère qu'elle va changer, et que, du moins, tu auras eu dans ta vie quelques rayons de soleil pour te réchauffer.

— Vous me calomniez, répondit Belavoir. Pensez-vous que si j'avais eu une seule bonne chance, je l'aurais laissé échapper ? Non, non, vous ne me connaissez pas. Ma belle position se borna tout simplement à devenir le domestique d'un chanteur des rues. C'était un vieillard quinteux et ivrogne. De plus, il était avare. Je ne tardai pas à découvrir qu'il épargnait ce qu'il gagnait, et qu'il s'en fallait de beaucoup, qu'à nous deux, nous puissions dépenser ses profits, tant nous faisions maigre chère. Bientôt, je restai convaincu que le drôle thésaurisait. J'étais incapable de le voler.

— Pourquoi ? demanda le baron d'un air moqueur.

— Je ne le sais pas, en vérité, répartit Nicolas avec bonhomie; mais il y a des cœurs qui naissent honnêtes et qui ne peuvent cesser de l'être que dans de très-graves circonstances. Mon vieux chanteur me nourrissait et m'habillait mal; mais il faisait pourtant l'un et l'autre, et il était quelquefois assez plaisant, ce qui me donnait lieu de rire. C'est l'homme que j'ai le plus aimé.

Il mourut, et avant d'expirer dans le galetas que nous habitions, il me dit: « Cher Belavoir, voilà mon testament. (C'était un affreux chiffon de papier tout jaune.) Porte-le de ce pas chez mon confesseur, le père Philippe Ridoie, des Carmes déchaussés, il te dira ce que tu auras à faire; et je pense que tu auras sujet de bénir ma mémoire. » Aussitôt que le vieux musicien fut mort, j'essuyai mes larmes, et courus, le testament à la main, chez le père Philippe Ridoie. Ce saint homme n'eut pas plutôt parcouru des yeux le papier, qu'il se laissa

tomber sur son escabeau, puis, il me dit :
« Ce que c'est que de nous ! Ecoute, mon enfant, les dernières volontés de ton maître ; » et il lut :

« Je désire être enterré dans l'église de Sainte-Arsène, à la gauche du maître-autel. On trouvera dans ma paillasse six mille livres tournois en or, que j'ai épargnées tout exprès pour être employées à la dépense de mon tombeau et à une inscription placée sur icelui, afin de rappeler éternellement à la postérité mes grands talens comme musicien. Je la veux en latin. Qu'elle soit très-longue. »

— Quoi ! m'écriai-je, il ne parle pas de moi ? Il ne me laisse rien ?

— Si fait, répondit le pere Ridoie, il déclare qu'il est très-content de toi, et il te laisse en don spécial et particulier les habits que tu portes et la viole que tu as au côté.

Voilà tout ce que j'obtins de l'héritage de mon maître. L'habit, vous le voyez, il était plus neuf dans ce temps-là, mais il n'a jamais valu grand'chose. En réalité, je ne conservai de précieux que l'immense quantité de chansons que j'avais apprises. Je me fis chansonnier public et je courus les foires et les fêtes. Bref, j'arrivai à l'âge où je suis, dégoûté de mon métier, malheureux autant qu'on peut l'être, et ne pouvant deviner comment il se pourra faire que je n'expire pas d'inanition et de froid aujourd'hui, demain ou au plus tard après demain.

VI.

Nicolas devient pédant, mais il se montre sous le jour le plus favorable.

Belavoir se tut un instant, après avoir donné à ses nouveaux et jeunes amis un aperçu général de sa triste histoire; mais on voyait bien qu'il n'avait pas tout dit et il semblait avoir quelque répugnance à raconter ce qui lui restait; mais il secoua sa honte et ajouta :

— Je ne vous aurais pas avoué la vérité complète, et par conséquent je me préparerais mal au grand voyage qui me menace, si je ne confessais pas que j'ai fait dans ma vie quelques méchantes actions. J'ai, par-ci par-là, mis la main sur le bien du prochain, nommément hier, où j'ai escamoté un manteau, un chapeau et un souper. Je me hâte d'ajouter que le bien volé ne m'a pas plus profité que celui acquis légitimement; car vous me voyez dans un équipage assez piètre et qui peut servir à vous en convaincre. Mais ce ne sont pas mes désordres qui m'ont tenu dans cette misère. Un malin démon s'est toujours amusé à me tenir dans la position que vous voyez, et à peine une industrie illicite m'avait-elle donné quelque soulagement, que le hasard me remettait dans mon malheur premier. Plût au ciel que je n'eusse jamais fait pis que de pareils escamotages! J'ai commis ce matin une action qui a fini par un crime; mais je me lave les mains du sang innocent, et en bonne foi je crois que le ciel ne me prendra pas à partie pour les énormités de quelque puissant scélérat!

Le baron prit la parole :

— Tu parais vouloir garder le silence sur cette circonstance récente et si funeste : je ne te presserai pas de le rompre. Sur ta mine contrite, je crois à tout ce que tu m'as dit; et d'ailleurs, ce que tu me caches ne me regarde pas. J'ai bien assez de mes propres affaires. Je te ferai remarquer seulement que cette grande industrie dont tu te vantais tout-à-l'heure ne me paraît pas t'avoir servi à grand'chose, et elle ne me donne pas grande envie d'en requérir l'aide pour moi-même.

— Eh quoi! s'écria Belavoir, comptez-vous pour rien de me voir en vie? Est-ce un petit résultat que d'avoir vécu, d'avoir échappé à la prison, à la mort sous toutes ses formes? moi, sans un sou, sans un ami, avec un métier réputé déshonorant, et qui m'exposait plus que toutes les larronneries n'auraient pu le faire, à l'attention désagréable de Messieurs les sergens, je suis arrivé à ma vingt-cinquième année, et vous trouvez que je n'ai pas déployé une rare et grande industrie!

— Au fait, je crois que tu as raison, répondit Louis de La Mothe-Baranne. Et en conséquence, je vais te demander avis. Mais auparavant, il faut que tu aies l'esprit plus libre et débarrassé de toutes les terreurs funestes qui l'occupent. Peut-être aurai-je besoin que tu nous donnes un coup de main, et je ne puis décemment me montrer avec toi en public dans le fâcheux costume que tu as. Nous voici à l'entrée d'un bourg. Prends ces deux pièces d'or; tu vois que j'ai déjà confiance en toi. Cours chez le premier fripier que tu rencontreras; achète-lui un costume décent, rends-toi ensuite chez un barbier, et quand tu auras repris une figure humaine, tu me rejoindras à la première auberge, dans laquelle d'ailleurs tu vas me voir entrer. Tu comprends d'après tout cela, que soit que je goûte tes avis ou que je les rejette, je ne te laisserai pas mourir de misère encore cette semaine.

— Eh! eh! cria Belavoir en faisant une culbute, ne sommes-nous pas au lundi? Je n'ai jamais eu devant moi une si longue perspective d'existence!

— Pauvre homme! murmura Charlotte

en laissant tomber sur Nicolas un regard attendri.

On entrait, en effet, dans un gros bourg.

Le saltimbanque s'arrêta modestement pour ne pas compromettre ses protecteurs, en ayant l'air de les connaître et remarquant bien de loin l'auberge dans laquelle il les vit mettre pied à terre, il courut avec une joie vive et complète à la recherche d'un vendeur de vêtemens.

Au premier qu'il trouva, il s'arrêta, et en peu d'instans eut fini son affaire. Chose bizarre, il ne montra pas dans le choix de ses nouveaux habits, le goût qu'on aurait pu lui supposer, d'après sa profession, pour les couleurs brillantes et les coupes extravagantes. Il prit un habillement fort propre en gros drap brun, un chapeau de feutre sans plumes et une dague sans le moindre ornement. Il avait l'apparence d'un bon campagnard. Il alla ensuite se mettre entre les mains d'un barbier étuviste, et quand il sortit de chez cet artiste, il n'était pas beau, mais il ne rebutait point.

Mademoiselle de La Mothe-Baranne, aussitôt qu'il eut été rejoindre ses protecteurs à leur auberge, lui témoigna à peu près ce sentiment, bien qu'à mots couverts; pour ne pas le blesser. Il s'en montra reconnaissant; puis, mettant la main à sa poche, il en tira la monnaie qui lui restait; il voulut rendre des comptes à Louis. Mais celui-ci le pria de ne point l'importuner.

— Monsieur le baron, dit Belavoir d'un ton respectueux et décidé, permettez-moi de vous montrer que je suis honnête homme. Si nous devons nous séparer dans quelques instans, comme j'ai tout lieu de le craindre, vous me donnerez ce qu'il vous plaira; je prétends néanmoins vous laisser de moi l'opinion que j'ai le cœur plus haut que mon état.

— N'en parlons plus, dit Louis, je l'exige absolument. Assieds-toi là devant nous et écoute ce que j'ai à te raconter.

— J'y suis de toutes mes oreilles, et, j'ose le dire, de tout mon cœur.

— Eh bien! voici ce dont il s'agit. Ma sœur et moi nous n'avons plus ni père ni mère. Notre père est mort il y a bien des années, et notre mère, qui s'était remariée, avait épousé le seigneur Gui de Chanteclaude, qui est un gros propriétaire de ces environs. Comme le baron de La Mothe-Baranne ne possédait d'autre fortune que son épée, notre mère avait en main toute la fortune et elle la porta entière à son nouvel époux.

— Je commence à entrevoir quelque chose, dit Belavoir en mettant le doigt sur son nez d'un air fin.

— Oui, tu conçois, n'est-ce pas, que le

seigneur Gui n'eut pas long-temps à s'apercevoir que nous le gênions beaucoup? Il nous rendit les années de notre enfance assez malheureuses. Il est hypocrite, doucereux, mais très-perfide, et comme notre mère avait pour lui un sentiment d'attachement très-vif qu'il avait l'art d'entretenir par des cajoleries calculées, et que, du reste, il s'était entièrement emparé de l'administration des biens, nous étions contre lui sans protection. Quand notre mère mourut nous eûmes un grand chagrin, mais au fond, il faut bien l'avouer, nous ne perdîmes pas grand'chose; seulement le seigneur Gui put faire plus à découvert ce qu'il aurait mené à la réussite avec quelques précautions de plus.

— Il est notre tuteur!

— Ouf! dit Belavoir, voilà qui est mauvais.

— Très-mauvais. Il a si bien fait que, bien que je ne sois pas encore en âge de réclamer le bien de ma mère, ni pour ma sœur ni pour moi, je devine déjà que, lorsque le moment sera arrivé, je n'aurai rien à prétendre. Comme je te l'ai dit, mon père était un très-pauvre gentilhomme ; en outre, il n'était pas de ce pays-ci ; il était de Touraine ; je n'ai donc pas de parens pour m'appuyer. Ceux de ma mère sont tous tournés au parti de ce vieux Gui.

— De sorte que vous êtes comme les loups au milieu des brebis.

— Tu vas en juger mieux encore. Hier, mon tuteur nous a fait venir, ma sœur et moi, et nous a annoncé que nous devions nous rendre aujourd'hui au château du seigneur de Cornisse, son cousin, où nous étions invités, nous dit-il, à passer les fêtes de Noël, et où il tenait à ce que nous puissions rester quelque temps. Par conséquent, nous dit-il de sa voix doucereuse, vous ferez bien, Louis, de partir demain avec votre sœur; mon cousin de Cornisse est un brave homme, il est vieux, et je serai content que vous le flattiez, car il se pourrait faire un jour que, n'ayant pas d'enfans, il disposât de quelque chose en votre faveur, ce qui serait d'un grand avantage.

— Je soupçonne quelque piége, dit Belavoir.

— Et tu as grandement raison. Sache que le seigneur de Cornisse est un homme redouté à vingt lieues à la ronde. On dit que, dans son château il y a des caves où il a fait mourir sa femme et plusieurs personnes qui l'avaient offensé. On en a partout une peur si horrible que, du vivant de notre mère, il ne mettait pas les pieds dans le château du seigneur Gui, sans que tout le monde se cachât.

— Certainement, le Croquemitaine est chargé par votre beau-père, monsieur le baron, de vous jouer quelque méchant tour ainsi qu'à mademoiselle?

— Nous le craignons, poursuivit le jeune homme, et nous avons mille raisons qui paraissent, au premier abord, n'être rien, pour le redouter, mais lorsqu'on les considère de près, on leur trouve mauvaise mine.

— Je connais, dit Nicolas avec emphase, je connais ces raisons chattemites qui ont figure de bonnes personnes et qui sont les plus dangereux diables de l'enfer. Dites-moi, je vous prie, quels sont les motifs de soupçon que vous avez.

— D'abord notre beau-père nous a fort embrassés devant les domestiques en partant, et nous a fait mille caresses, disant que jamais il n'avait rien tant aimé que nous, et que, dans un sens, il était heureux de n'avoir jamais eu d'enfans, puisqu'il lui était permis de nous donner toute son amitié sans offenser la nature; il a ajouté bien d'autres choses tendres qui nous ont donné la chair de poule à ma sœur et à moi; car nous connaissons bien l'homme.

— Tout cela, en effet, était très-pervers.

— Mais, poursuivit le baron, ce qui a mis le comble à mes inquiétudes, c'est qu'il n'a pas voulu qu'aucun domestique nous accompagnât. Il a prétendu, qu'à mon âge, on pouvait déjà apprendre à se tirer d'affaire tout seul et que je devais me faire à l'idée d'être le porte-respect de ma sœur. Il a déclaré qu'avec la connaissance que j'ai des armes, on devait ne craindre rien au monde et n'avoir pas besoin d'un compagnon. Entre nous, je conviens que je suis très-habile dans l'escrime et que je ne redoute rien, mais pourquoi ne pas nous faire accompagner de deux domestiques au moins, ne serait-ce que par convenance et pour connaître notre rang?

Belavoir s'enfonça dans ses réflexions.

— Pouah! dit-il au bout d'un instant, voilà encore qui est bien mauvais, le seigneur beau-père n'aura pas voulu qu'il y eût de témoins importuns de ce que vous allez devenir. Peut-être, mes pauvres enfans, qu'il vous destine à ne jamais plus sortir du château de ce terrible cousin; ou pour le moins il veut, s'il ne vous tue pas par la main d'autrui, vous condamner à une réclusion perpétuelle. Mais, j'y songe! il ne serait pas même impossible que vous envoyant ainsi courir les grandes routes tout seuls, en hiver, dans une saison où les campagnes sont couvertes de malandrins de mille espèces qui, sous prétexte de demander du pain, en font passer le goût aux passans, le seigneur Gui vous eût préparé quelque belle petite embuscade !

— Que dites-vous là ! s'écria Charlotte devenant toute pâle.

— Corbleu! dit le petit baron; n'effraie pas ma sœur inutilement!

— Inutilement non, mais utilement oui. Voyez, monsieur le baron, qu'y a-t-il de plus probable? vous êtes tout seuls; si on vous tord le cou ainsi qu'à mademoiselle, et que votre beau-père en soit cause, qui donc ira l'accuser? Le crime se fera sans témoins, et comme vous n'avez pas de parens on ne se souciera guères d'en rechercher l'auteur. Dans le temps où nous vivons, les gens qui demandent justice contre un puissant criminel ont déjà bien besoin d'appui, de protections, de démarches et d'argent pour l'obtenir; qui diable voulez-vous qui aille la faire à deux pauvres petits morts bien gentils, mais qui ne souffleront pas mot?

— Oh ! qu'il a raison, soupira la jeune fille, et elle mit son mouchoir sur ses yeux.

— Puis, mes chers seigneurs, poursuivit Belavoir avec plus d'autorité (car à mesure qu'il se voyait écouté avec attention, son aplomb s'en augmentait), à prendre le seigneur Gui pour ce que vous me l'avez donné, ce doit être un homme très-fin, très-retors, et il aura bien certainement spéculé sur l'imprudence de votre âge pour vous perdre plus sûrement.

— S'il l'a fait, il s'est trompé, dit Louis avec assurance, je sais être rusé tout comme un autre !

— Vantez-vous-en, monsieur le baron, vous me ferez plaisir ! Vous rencontrez sur la grande route un saltimbanque tout déguenillé, et vous allez de prime-abord lui raconter toutes vos affaires parce qu'il est fort laid, au jugement de mademoiselle, et que sa figure vous revient. Et non-seulement vous faites de lui votre confident, mais à un misérable vagabond vous montrez que vous portez de l'or sur vous! Je vous engage encore une fois à vous proposer pour modèle. Et si j'étais un coquin, un gueux, un scélérat, un assassin, un homme payé pour vous couper la gorge? Hein? Si j'avais eu l'honneur de recevoir les commissions de votre seigneur beau-père, et qu'à souper je vous versasse à propos dans vos verres quelque petite poudre anodine, quelque décoction par trop calmante? A qui serait la faute, sinon à la prudence de M. le baron, à cette prudence consommée devant laquelle je m'incline?

— Hélas ! mon frère, dit mademoiselle Charlotte, ce qu'il dit est bien raisonnable; car enfin, s'il était un assassin ?.

— J'ai envie de te passer mon sabre au travers du corps, par précaution, dit Louis en se levant.

— Ne vous rejetez pas dans un autre excès, fit observer sagement Nicolas. Soyez prudent avec mesure. Je ne vous ai tracé ce tableau terrible que pour vous engager désormais à prendre sérieusement garde à vous. Quant à moi, soyez tranquille, le hasard vous a bien servi, et vous n'aurez pas à vous plaindre de ma loyauté; seulement, raisonnons un peu notre affaire, et à dater de ce moment, regardons où nous mettons les pieds ! Voyons ! Pour commencer par le commencement, racontez-moi pourquoi vous êtes descendus dans cette auberge plutôt que dans toute autre ?

— Parce que, répondit le jeune homme en hésitant, parce que... ma foi ! c'est vrai, Charlotte, je n'y ai pas réfléchi ! Je me suis arrêté ici parce que mon beau-père me l'a ordonné. Belavoir, mon ami, il faut te dire qu'il est co-seigneur de ce bourg-ci avec son cousin, et quand il vient en cet endroit, il loge d'ordinaire ici. Il m'a commandé de passer la nuit dans cette maison. S'il a voulu nous tendre un piége, je suis fâché de convenir qu'il a réussi, car je suis venu.

— Mon frère, vous m'avez perdue ! s'écria Charlotte en pleurant.

— Peureuse ! s'écria Louis avec colère. Du diable soit des femmes ! on ne sait que faire de leur poltronnerie !

— Monsieur le baron, mademoiselle n'a pas tort de trembler, et vous avez encore plus raison d'être intrépide, mais voici la nuit qui a tombé tout à fait. Je remarque avec déplaisir que cette maison-ci est fort isolée. Cette chambre donne... voyons où elle donne. Bon, elle donne sur le derrière, sur la cour; au-delà de la cour, un petit mur d'appui facile à franchir, puis les champs et la neige. Il ne fera pas clair de lune ce soir; c'est fort heureux, en cas de retraite forcée. Quant à la hauteur de la fenêtre, six pieds au-dessus du sol, c'est parfait pour sauter.

— Vous voulez me faire sauter par la fenêtre? dit Charlotte.

— Ne vous embarrassez pas de l'apprêt de ces détails, mademoiselle. Peut-être n'avez-vous rien à craindre; en tous cas, vous voyez que si l'on vous veut du mal, il y a moyen et moyen aisé de vous tirer d'affaire.

— Il a raison, ce brave Nicolas, s'écria Louis en riant. Pour moi, je voudrais de grand cœur qu'il nous advint une petite aventure.

— Fi donc ! monsieur le baron, pensez à Mademoiselle ! Mais puisque nous voilà dans la gueule du loup, il faut y passer la nuit, à moins de force majeure.

— Vous croyez qu'il ne serait pas mieux d'aller dans une autre auberge ? demanda Charlotte d'un ton suppliant.

— Non, mademoiselle, ce serait trahir des soupçons, et il pourrait vous en coûter gros à vous, à M. le baron, et peut-être à moi aussi. Restons bravement, soupons et couchons-nous, mais le tout avec précaution, beaucoup de précaution. Du reste, terminons notre conférence, car j'entends qu'on s'approche de la porte.

En effet, c'était l'hôte du logis.

Il n'avait pas mauvaise figure. Du moins, Belavoir ne le trouva pas. C'était une grosse face bouffie, un gros ventre et de petites jambes; physionomie de cabaretier qui touche quelquefois à sa marchandise.

Il vint le bonnet à la main prendre les ordres de M. le baron et de Mademoiselle, et s'informer avec plus de détails de la santé du seigneur Gui de Chanteclaude. Lorsqu'il eut été satisfait à ces questions d'une manière convenable et que Louis eut déployé un sang-froid au-dessus de tous les éloges que put lui donner ensuite Belavoir, l'aubergiste se retira en annonçant qu'on allait servir le souper.

— Attention! grande attention! dit tout bas Belavoir au baron et à la jeune fille, avant que le valet ne soit sorti de la salle; arrangez-vous de manière à avoir l'air de manger, mais, sur les yeux de votre tête, ne touchez à rien!

— Oh! oui, ne touchons à rien, dit Charlotte à son frère d'un ton suppliant.

— Je ne toucherai à rien, répondit Louis d'un air héroïque.

On servit à deux momens de là. Belavoir scruta sévèrement le visage du valet. C'était un bon gros lourdaud de paysan qui difficilement pouvait héberger, dans sa cervelle épaisse, une pensée d'une perfidie raffinée. Mais notre ami Nicolas n'était pas homme à s'en fier aux apparences! Il ne quitta pas des yeux les deux grosses mains du rustre.

Cependant Louis et Charlotte s'étaient mis à table, coupaient leur pain par petits morceaux, se surveillaient l'un l'autre pour s'empêcher de rien boire ni de rien manger, et Belavoir feignait de les servir.

Quand le valet fut sorti, Belavoir regarda à la lueur de la chandelle qui éclairait tristement la vaste chambre, la bouteille de vin. Il la trouva trouble. Il en versa quelques gouttes dans un verre et lui reconnut une mauvaise mine. Il poussa son doigt dans le breuvage et le porta ensuite à ses lèvres.

— Malheureux ! lui dit Charlotte, vous allez vous tuer !

— C'est de l'affreuse piquette, dit Belavoir avec une affreuse grimace, et de plus je lui trouve un goût ! Dans tous les cas, elle vous empoisonnerait et je vous conseille de la laisser là. Maintenant voyons le pain.

Il en cassa un morceau, l'émietta et n'y reconnut rien de suspect, après un examen rigoureux.

— Nous pouvons décidément en manger, dit-il d'un ton sententieux ; pour ce qui est de ces ragoûts et de ce rôti, et de cette salade, foin ! on n'y peut rien reconnaître, et mon avis est qu'il faut y renoncer.

— Quoi! nous allons mourir de faim! s'écria Louis avec humeur.

— C'est moins humiliant que de mourir empoisonné, répliqua Belavoir. Voyons, monsieur le baron, soyons sobres et seulement gâchons les plats pour n'avoir pas l'air de nous être défiés de quelque chose.

Ce triste repas terminé, l'aubergiste reparut. Il offrit au baron de conduire son domestique, car il prenait Belavoir pour le domestique du jeune homme, dans une des mansardes de la maison.

Louis allait refuser, moins vivement pourtant que sa sœur, au désespoir de voir partir un défenseur auquel elle se fiait déjà aveuglément; mais Nicolas, d'un signe, leur persuada d'y consentir. Il souhaita le bonsoir à ses prétendus maîtres, et suivit l'aubergiste, qui le mena, après force détours, dans une étroite mansarde au haut de la maison, dans un corps de logis fort éloigné, au calcul de Nicolas, de la chambre où étaient ses pauvres petits amis.

— Mon brave, dit le sauteur, y a-t-il beaucoup de voyageurs aujourd'hui dans ton auberge ?

— Non, il n'y a que tes maîtres et toi, répondit brutalement le lourdaud.

Et il se retira en fermant brusquement la porte à clé.

— Excellente situation pour couper la gorge à mes petits oiseaux en catamini, pensa Belavoir; mais vous n'y êtes pas, mes coquins, je suis envoyé par le ciel, et je sauverai l'innocence : on saura aujourd'hui ce que Nicolas sait faire! Allons, mon ami, à l'œuvre, et ne nous laissons pas vaincre en finesse par les sacripans qui nous entourent!

Ayant ainsi parlé, Belavoir éteignit sa

chandelle. Comme il était bon chrétien, il se jeta à genoux et fit un petit bout de prière, puis il ouvrit sa fenêtre avec précaution, et bénissant encore du fond de l'âme l'absence de lueur et de toute clarté céleste, il monta résolument sur le toit où, de prime-abord, il mit en fuite trois chats étonnés de se voir disputer leur domaine aérien.

VII.

Fuite terminée par une aventure qui pourrait être fantastique.

Et voilà Belavoir sur le toit courant les gouttières. Quand je dis *courant*, c'est uniquement pour donner plus de vie à ma narration, car lorsqu'il fait quinze degrés de froid, que les tuiles sont couvertes de neige et de glace, on ne s'amuse pas à prendre des airs évaporés sur la couverture des maisons, au contraire, on regarde soigneusement où l'on met les pieds, les mains et les genoux.

Belavoir, tout saltimbanque qu'il était, et plus habitué par conséquent à ces sortes de voyages que le commun de mes lectrices, se souvint que les plus habiles peuvent tomber et qu'il avait chû lui-même sur le nez d'un gouverneur. La maison était haute; l'élévation conseille la prudence. Belavoir fut très-prudent et bien lui en prit, car sans cela il se serait mis en morceaux.

C'est ce qui ne lui arriva pas, grâces à ses précautions. Il mit un bon gros quart-d'heure à faire quinze à vingt pas, il atteignit ainsi à tâtons et dans une obscurité qui augmentait beaucoup le danger la fenêtre d'un corridor.

Il n'eut aucune peine à l'ouvrir, attendu que dans cette auberge champêtre, on n'avait pas jugé à propos de prodiguer les vîtres; et il sauta du toit dans l'intérieur de la maison, du côté même des écuries. Il descendit rapidement, mais sans bruit, un petit escalier de service, et arriva dans la cour sur laquelle donnait la fenêtre du jeune baron.

Il allait faire connaître à ses amis sa présence auprès d'eux, quand il lui vint une meilleure idée.

Il leva le loquet de l'écurie, fit sortir le cheval de Louis, et le mena hors de la simple barrière qui défendait patriarcalement l'entrée de la cour, puis alors il crut avoir tout préparé suffisamment et il revint sous la croisée. En un tour de main, il en eut atteint la hauteur et il frappa légèrement aux carreaux.

Les rideaux étaient baissés à l'intérieur, mais Nicolas voyait la lumière de la chandelle au travers et supposait bien qu'il n'était pas besoin de prendre beaucoup de peine pour éveiller ses amis qui ne devaient pas s'être endormis.

En effet, le rideau fut aussitôt soulevé et Louis parut à la fenêtre l'épée à la main. Nicolas lui fit une grimace qui sentait sa profession; le baron se mit à rire et ouvrit la croisée.

— Bravo, monsieur le baron, dit le sauteur en s'introduisant prestement dans la chambre. Je vois avec plaisir que vous êtes vigilant ainsi que Mademoiselle, laquelle très-dévotement me semble réciter ses patenôtres, à genoux dans un coin. Tout cela est fort bien fait; mais je pense qu'il ne serait pas mal de songer à autre chose....

— Et à quoi donc?

— A la fuite! J'ai conduit notre cheval en plein champ, nous y serons plus froidement, mais plus sûrement qu'ici.

— Et où irons-nous? demanda Charlotte en frissonnant.

— Quelque part; dit Nicolas; nous allons nous informer de cela quand nous serons dehors. Ici, il se peut que le séjour soit malsain.

— Oh! dit Charlotte, ne plaisantez pas! je meurs d'épouvante! Je ne puis chasser de ma pensée toutes les histoires terribles que j'ai entendues si souvent de voyageurs surpris et égorgés dans leur sommeil. A tout moment, je crois qu'on va ouvrir la porte ou qu'une trappe va se démasquer dans le parquet ou dans le plancher, ou enfin que, si je me mettais sur le lit, il ferait la bascule.

— La tête me tourne de ses craintes, dit

Louis. Mais je suis de ton avis, Belavoir, nous serons mieux dehors qu'ici, sans compter qu'il y a plaisir à faire des choses extraordinaires.

Belavoir, sans répondre à cette saillie, se contenta de recommander le plus profond silence, et étant redescendu lui-même par la fenêtre, il alla chercher dans un coin de la cour une échelle contre laquelle il avait trébuché un moment auparavant, et il l'appliqua sur le bord de la fenêtre, puis montant à demi, il commença de nouveau à donner ses instructions prudentes.

— Venez, mademoiselle, dit-il; mettez le pied sur le haut de l'échelle!

— Ah! mon Dieu, je vais tomber et me tuer! disait la petite personne en grelottant de peur et de froid.

— Il n'y a pas de danger, je vous tiens. Monsieur le baron, soutenez mademoiselle par le bras. C'est admirable! Votre pied ici, mademoiselle, et puis là! Bon! Ne trébuchez pas, ne tremblez pas, n'ayez pas peur. Ah! mort Dieu, ne criez pas! Tenez, nous allons tout seuls maintenant. Il ne s'agissait que d'en avoir l'habitude, nous voici en bas.

— Et moi aussi, dit Louis qui, pour montrer son agilité, sautait par la fenêtre sans se servir qu'à peine de l'échelle.

— Vous êtes leste, monsieur le baron, mais vous faites trop de bruit. Maintenant allons trouver votre cheval. Par ici! Glissez-vous dans l'ombre de ce bâtiment. Il fait noir, mais moins on nous verra, mieux cela vaudra. Mademoiselle se comporte à merveille! On dirait que de sa vie elle n'a fait d'autre métier que de sauter par les fenêtres!

— Maître Belavoir, vos plaisanteries sont impertinentes.

— Monsieur le baron, c'est vous qui les supposez telles. Ne nous querellons pas; les disputes font trop de bruit. Voici votre cheval. Enveloppez comme il faut la pauvre mademoiselle dans le manteau, elle doit avoir rudement froid.

— Certes, oui, dit Charlotte.

— Allons! à cheval! dit Louis qui était déjà en selle; mais toi, Belavoir, qui es à pied, comment vas-tu faire?

— C'est un peu embarrassant, dit le sauteur, car ne connaissant pas du tout le pays, je ne peux pas vous dire que je vous rencontrerai ici ou là. Tenez! si l'on nous poursuit, nous aviserons à ce qu'il faudra faire, la nécessité est toujours une excellente et sage conseillère; pour le moment, partez au trot, et je vous suivrai en courant.

— Allons chez Berniquet, dit le baron.

— Oui! oh oui! s'écria la petite demoiselle.

— Qu'est-ce que c'est que Berniquet? demanda Belavoir.

— C'est un ancien soldat de mon père qui est fermier d'une de nos terres, et qui nous recevra très-bien; il demeure à trois lieues d'ici. Je sais le chemin.

— Allons, chez Berniquet.

Le cheval partit au trot. Belavoir prit le pas de course, et la petite bande s'éloigna du bourg et de l'auberge. Tout en courant, Belavoir tournait quelquefois la tête; mais aucune lumière ne brillait dans la maison qu'ils venaient de quitter, et bien, certainement on ne songeait pas à les poursuivre.

— C'est assez singulier; pensait le sauteur. Il paraît que ces assassins s'en fiaient au poison, ou bien que l'heure n'était pas encore venue. Au fait, il est dix heures du soir tout au plus. Je suis sûr qu'à minuit il y aura un joli tapage dans cet infâme repaire.

On courut encore quelque temps.

Puis, Louis, de lui-même, mit le cheval au pas, et Belavoir respira. Dès-lors, il put parler, et il n'en laissa pas tomber l'occasion :

— Monsieur et mademoiselle, dit-il, nous venons d'échapper à un grand danger. Remercions bien la Vierge et les saints !

— Je l'ai déjà fait, dit Charlotte.

— Ce n'est pas un reproche que je voulais vous adresser, ni une invitation ; mais simplement, c'était une façon de commencer la phrase pour vous dire que cela ne suffisait pas. Il faut penser que, du moment que le seigneur de Chanteclaude emploie à votre égard des moyens pareils, c'est qu'il est décidé à vous tuer l'un et l'autre, n'importe à quel prix.

— Par la corps Dieu! je le crois bien, dit le jeune homme.

— Monsieur le baron, vous n'êtes pas d'âge à jurer ainsi comme un vieux gendarme. Ne vous hâtez pas de prendre cette funeste habitude. Je voulais donc vous demander si, ayant échappé au danger de l'auberge, vous êtes disposé à aller avec mademoiselle votre sœur, vous jeter dans la gueule du loup, c'est-à-dire dans le château de Cornisse?

— Non, Belavoir, non, je n'irai pas dans ce repaire. Il serait par trop niais de courir de moi-même me faire tordre le cou, ainsi que tu l'as sagement pensé tantôt.

— Si vous n'allez pas là, vous devez nécessairement aller ailleurs. Où irez-vous?

Louis regarda son conseiller intime avec surprise, et lui dit :

— En effet, où irons-nous?

— Songez, monsieur le baron, que vous n'avez plus maintenant de maison, plus de serviteur, plus rien, ni mademoiselle votre sœur non plus. Avez-vous du moins de l'argent?

— Quatre ou cinq pièces d'or, répondit Louis avec gravité, mais j'ai beaucoup de courage, j'ose le dire, et je me moque de tout.

— Voilà mademoiselle votre sœur qui ne me paraît pas aussi résolue. Le courage est une belle chose, mais ne nourrit pas, je le sais par expérience; quant à votre argent, vous n'en avez pas assez pour aller bien loin. Attendez, il me vient une idée. Que dis-je, une idée? un plan tout entier. Par exemple, il nous faudrait un peu plus d'argent.

— Raconte ton projet, mon brave Belavoir, s'écria Louis qui, malgré sa confiance en lui-même, sentait que le sauteur n'avait pas tort.

— Ne m'avez-vous pas dit que vous aviez des parens en Touraine?

— Oui, et à Blois.

— Il faut aller à Blois.

— Je ne veux pas vivre au crochet de mes cousins, répondit fièrement La Mothe-Baranne.

— Des bêtises! dit Belavoir, si j'avais des cousins, et que ces cousins eussent des crochets, à savoir de gros biens, comme ont sûrement les vôtres, je m'y suspendrais sans scrupule, pour peu qu'ils voulussent y consentir.

— Je suis gentilhomme, dit Louis, et tu ne l'es pas.

— Certes, non. Mais enfin, vous ne resterez pas à Blois, si cela vous convient, et vous y laisserez mademoiselle Charlotte, que l'on mettra en pension dans un couvent, ainsi qu'il sied à une jeune dame comme elle, qui ne peut pas courir les champs avec son frère, âgé de dix-huit ans, et un saltimbanque. Soyez sûr que je connais les convenances. Ce projet qui est mien, je le déclare admirable, mais pour l'exécuter, il nous faudrait quelqu'argent, et vos pièces d'or ne suffiront pas à vous héberger jusqu'à Blois, même en admettant que je vous laisse aller et que je prenne mon chemin à part.

— Oh! dit Charlotte, il faut que vous restiez avec nous.

— Oui, certes, s'écria Louis, je ne peux

plus me passer de toi. Mais comment avoir de l'argent?

— Est-ce que Berniquet ne pourrait pas vous en donner, puisqu'il est votre fermier? Il est, dites-vous, attaché au souvenir de monsieur votre père?

— C'est un brave homme, en effet, dit Charlotte.

— Corps de Pape! s'écria Louis, je lui demanderai de l'argent et il me le donnera.

— Encore un jurement inutile, dit gravement Belavoir. Vous croyez vous donner ainsi des airs de guerrier consommé, et vous avez tort. J'ai connu force mauvais soldats de déroute qui juraient plus que Jules-César, Roland-Furieux et M. de Guise n'ont pu faire à eux trois dans toute leur vie.

— Tu ne m'amuses pas du tout avec tes observations, répondit le jeune homme; mais maintenant que nous voici fixés sur l'avenir, causons un peu d'autre chose. Je ne veux pas que tu nous quittes. Tu partageras notre bonne et notre mauvaise fortune, et tu me suivras partout désormais, comme mon domestique.

— Un moment! répartit Belavoir, je refuse.

— Comment, vous refusez? s'écria Charlotte. Vous voulez nous abandonner. Qu'allons-nous devenir?

— Calmez-vous, mademoiselle, je ne veux pas vous abandonner; mais je ne veux pas vous suivre en qualité de domestique; je suis très-fier, tout saltimbanque que vous me voyez; je n'ai jamais servi que mon vieux maître de viole, qui me traitait comme son élève, et qui dînait avec moi. Je sais trop bien à quoi le respect m'oblige pour oser réclamer un tel honneur avec des personnes de votre rang; mais tout en gardant ma place, je ne veux pas m'abaisser; je suis un homme libre, monsieur le baron, et je ne veux pas servir.

— Que veux-tu donc être?

— Votre gouverneur!

— Mon gouverneur?

— Certes, oui. J'ai remarqué, soit dit sans vous offenser, que votre éducation était imparfaite. Vous me paraissez manquer de raison, de prudence, de patience.

— Tout cela c'est vrai, mon frère, dit Charlotte.

— Il vous faut un gouverneur, et ce sera moi.

— Autant toi qu'un autre, dit Louis en levant les épaules. Pourvu que tu ne me quittes pas, tu prendras le titre que tu voudras, et, en effet, il me sera plus commode de t'avoir toujours à mes côtés que d'être obligé de te renvoyer à la cuisine. Je t'annonce même que tu dineras avec moi, bien que ta modestie t'ait fait décliner cet honneur. Mais nous voici arrivés à la ferme de Berniquet. Frappe, pendant que nous allons descendre.

Monsieur le gouverneur de M. le baron donna un grand coup de poing dans la porte, et de peur de n'avoir pas fait assez de bruit, récidiva avec le pied. Au bout d'une seconde, on entendit une grosse voix fort gaillarde, qui criait de l'intérieur :

— Holà ! est-ce toi, ma femme !

— Non, c'est moi, dit Louis, moi le baron de La Mothe-Baranne !

Il y eut un moment de silence, puis un gros rire qui fut suivi à peu de distance de deux ou trois autres gros rires; enfin, la voix qui avait parlé d'abord reprit d'un ton goguenard :

— Imbécile, crois-tu que je vais donner

dans une pareille bourde? Monsieur le baron est, dans ce moment, à dormir au fond de son lit, comme un gentil garçon qu'il est, et je te conseille, ma femme, de retourner dans le tien.

Le baron, impatienté, prit une grosse pierre et la lança contre la porte.

— Ivrogne de Berniquet, s'écria-t-il, comptes-tu me faire passer la nuit ici, à la porte, avec ma sœur et mon gouverneur, par suite de tes âneries? N'entends-tu pas bien, brute que tu es, que ma voix ne ressemble pas, morbleu! à la voix grognarde de ta digne épouse?

A la suite de cette vive apostrophe, il y eut un moment de consultation à voix basse dans la ferme; puis deux barres de bois tombèrent; on entendit le bruit de la clé dans la serrure, et la porte s'ouvrit.

Berniquet parut, tenant en main gauche

une torche de résine et un long chapelet, et en main droite un énorme bâton. Il était visiblement fort ému, ainsi que deux autres paysans plantés derrière lui, et porteurs, comme lui, de chapelets et de bâtons.

A la vue de son jeune maître, Berniquet ôta son bonnet.

— Du diable, monseigneur, si je vous attendais cette nuit; je croyais plutôt voir ma femme.

— Comment, ta femme! est-ce qu'elle se promène à cette heure-ci?

— Ah! dit Berniquet d'un air fin, je vas vous expliquer la chose. Nous l'avons enterrée ce matin, la pauvre diablesse, et nous étions là, tous les trois, à nous consoler de sa perte, quand nous avons eu peur tout-à-coup de l'avoir fait revenir à force de regrets. Nous allions donc la recevoir à grands coups de chapelets et de triques, sauf votre respect.

— Allons, fais-nous place, dit Louis en levant les épaules : je te croyais meilleur mari.

— Ah! ça, c'est vrai que j'aimais bien ma femme, répartit le fermier d'un air dolent; mais je n'aime pas les revenans. Entrez, monseigneur, et vous aussi, mademoiselle, et ce compère là avec.

Dans la chambre il se trouvait une table couverte de brocs. Maître Berniquet avait cherché évidemment à étourdir sa douleur.

— Écoute, mon ami, lui dit Louis en le prenant à part, je sais que tu as été pour mon père un bon serviteur.

— Oui, tu as été un excellent serviteur, dit Belavoir en s'approchant, car il se défiait du talent diplomatique de Louis et voulait conduire lui-même la négociation.

— Ah! pour ça, répondit Berniquet, je ne l'ai ni plus ni moins aimé que ma pauvre défunte. Les amis qui sont là peuvent bien l'affirmer.

— Ah! pour çà! dirent les trois autres paysans en chœur; et ils en restèrent sur cette exclamation.

— Eh bien, mon brave serviteur, continua le jeune baron, apprends que je me vois forcé de fuir la maison avec ma sœur et mon gouverneur, et je n'ai pas d'argent. Peux-tu m'en donner?

— Ouf! je n'aime pas à donner mon argent, dit Berniquet en se grattant l'oreille. Est-ce que je ne pourrais pas vous rendre service d'une autre manière?

— Tu n'as que celle-là de me prouver ta fidélité et ton dévouement. Remets-moi le prix de ton fermage.

— Pensez-vous que l'intendant de monseigneur votre beau-père ne viendra pas me le réclamer après?

— On va te donner un reçu signé en bonne forme, se hâta de répondre Belavoir.

— Ouf! murmura Berniquet en se grattant l'oreille.

Comme il l'avait dit lui-même, il était attaché à ses maîtres, il était fidèle, il était dévoué, mais il n'aimait pas à donner son argent.

— Écoute, s'écria Nicolas, décide-toi promptement. Ta femme est dans ce moment-ci encore un pied dans ce monde, un pied dans l'autre; suivant la façon dont elle va te voir te conduire, elle rendra compte au père de monseigneur le baron, et tu risques d'entendre la nuit prochaine non-seulement ta femme, mais encore ton ancien maître, suivis de cent mille charretées de diables qui feront sabbat ici.

— C'est qu'il n'a, ma foi, pas tort, le compère! murmura Berniquet en devenant blême à cette menace. Tenez, monseigneur, voici cinquante écus que je vais vous remettre, c'est tout ce que je possède; je compte sur votre parole pour me les rendre un jour. Mais on a raison de dire qu'un malheur n'arrive jamais seul. Quand j'ai enterré ma femme, ce matin, je ne m'attendais pas à perdre mon argent cette nuit.

Louis de La Mothe Baranne prit le sac de cuir qui contenait les écus, et remercia son fermier non moins peureux que fidèle. Mais il avait encore une demande à faire.

— Donnez-nous un cheval pour monter mon gouverneur, dit-il.

— Ouf! répondit Berniquet. Il ne me restera plus que les yeux pour pleurer demain matin.

Malgré cette observation chagrine, la

crainte de voir arriver son maître et une épouse qu'il avait chéris, l'empêcha de refuser, et il promit que le lendemain matin le cheval du gouverneur serait tout préparé, à côté de celui du baron qu'il alla chercher et mettre à même d'une bonne litière.

Sur l'invitation de Belavoir et les assurances répétées qu'il n'y avait nul danger à courir, Charlotte consentit à aller se jeter sur une espèce de grabat que le gouverneur couvrit du manteau galonné de son frère, et bientôt, avec le laisser-aller de la jeunesse, la jeune fille s'endormit.

— Pour nous, monsieur le baron, dit le gouverneur, montrons-nous grands dans l'adversité : mettons-nous à boire avec ces braves gens, et nous arriverons ainsi au petit jour, vrai moment pour se remettre en route.

— Corbœuf! répondit Louis, me prends-tu pour un enfant? Je vais boire comme un trou!

— Encore des juremens inutiles! interrompit douloureusement Belavoir, il faudra détruire cette funeste habitude.

VIII.

Un gouverneur illustre est ici présenté au lecteur.

La vie de chacun, au XVIe siècle, était censée avoir un grand fonds d'austérité. Hors quelques très-grands seigneurs qui, placés de toutes manières au-dessus des lois communes, menaient une existence voluptueuse et molle; on comptait toute la noblesse et toute la bourgeoisie qui se faisaient honneur d'afficher des habitudes sévères, et qui mettaient à toutes les actions, une solennité grave et digne, bien propre, suivant l'esprit du temps, à inspirer le respect pour le caractère des hommes.

Si cette rigidité d'ailleurs était la compagne constante de la vertu, ou au moins qu'à la longue elle l'amenât nécessairement après elle, il faudrait regretter beaucoup d'avoir perdu sur ce point les opinions de nos pères; mais, comme tout, au rebours, on était fort porté à se croire suffisamment saint lorsqu'on avait pris les façons rudes d'un père du désert, nous avons bien fait d'admettre l'aménité et la douceur des mœurs, au nombre des qualités sociales les plus à estimer.

Un homme qui était fort grave d'extérieur

et qui avait pour le moins le ton, la démarche et la physionomie sérieuse d'un docteur de Sorbonne, c'était maître Guillaume Gorgebut.

Il était tenu en tous lieux pour un homme de fort belles manières; il marchait toujours la tête levée, vissée dans sa fraise de façon à ne pouvoir tourner ni à droite ni à gauche sans un notable effort; jamais, au grand jamais, il ne souriait, il riait encore moins, excepté dans quatre ou cinq grandes occasions par années, comme Pâques, Noël et autres solennités, où alors il lâchait la bonde à ce qu'il avait amassé d'hilarité contenue pendant des mois entiers d'abstinence. Il fronçait volontiers les sourcils, parlait par sentences, citait des proverbes, et exerçait un despotisme féroce sur tout ce qui l'entourait.

Avec toute cette rigidité, il était avare,

sot, vaniteux, colère, menteur, voleur dans son commerce et mille autres choses que je ne me rappelle pas pour le moment.

Nous allons le retrouver le lendemain du jour où son fils lui a été enlevé d'une manière si fâcheuse. Maître Gorgebut est anéanti. Il se voit ruiné dans ses plus belles espérances ; il voit déjà son bien livré aux ongles crochus de ses cousins. Où es-tu, pauvre Annibal-César Gorgebut, écuyer, secrétaire du roi en ses gabelles? Il n'est plus question de pareils triomphes.

Ce qui irrite surtout maître Guillaume, c'est qu'il n'a pas trouvé dans sa femme toute la douleur qu'il aurait voulu. Il a eu beau lui apprendre, avec le moins de ménagemens possibles la fatale nouvelle ; il a eu beau lui mettre sous les yeux tous les affreux dangers que courait l'enfant, et surtout les tristes conséquences d'une pareille disparition pour l'avenir de sa race, il n'a pu lui arracher ces cris que toute autre mère aurait poussés en pareille circonstance.

— Voilà ce que c'est, murmurait avec colère maître Guillaume, que d'épouser une de ces femmes dont la dévotion pourrait suffire à défrayer tout un couvent. J'aime qu'on soit pieux, je le suis moi-même autant qu'un archevêque, j'en ai la confiance; mais je veux aussi qu'on prenne intérêt aux choses qui le méritent. Ma femme Barbette ne prend intérêt à rien! Je finirai par en finir avec elle, et par l'envoyer dans un bon cloître, où elle effilera son chapelet tout à son aise. Quelle différence avec ma première femme! c'était là une commère! Dès l'aube du jour, on l'entendait rechigner ou crier dans un coin ou dans un autre de la maison; elle s'occupait de tout; elle avait l'œil à tout. Une servante avait plutôt emboursé une paire de soufflets que je n'avale une cerise en la saison d'été. C'était là une femme! Moi-même, je ne lui parlais qu'en tremblant, et Dieu sait que je ne suis pas timide. Mais depuis que j'ai épousé sur mes vieux jours cette petite mijaurée de Barbette, à cause de sa jolie figure, je n'ai plus contentement; rien ne m'amuse plus dans ma maison; je suis obligé de faire toutes mes affaires par moi-même, parce qu'elle ne sait s'occuper que de son église et de madame la comtesse sa marraine. Ah! que j'ai donc de mauvaise humeur dans l'âme contre une telle épouse! Mais je lui rendrai la vie si dure!...

Ici, maître Guillaume se donna un grand coup de poing dans la poitrine, tant il était en colère; puis il alla chercher quelqu'un sur qui faire tomber l'orage. Il commença par renvoyer la nourrice avec force injures, il fit battre un petit laquais qu'il avait, parce que le fripon n'avait pas su trouver M. le greffier de monsieur le lieutenant-général du baillage auquel maître Guillaume l'avait envoyé et enfin, il condamna tous ses domestiques à payer l'amende du montant de leurs gages d'un mois pour n'avoir pas su veiller mieux sur son héritier.

Cette expédition faite, il prit son manteau, son chapeau et ses gants, et se rendit lui-même chez les représentans de la justice séants à Melun.

Il y avait peu d'espérance. En ce temps-là, ce n'était pas chose rare qu'un enfant volé par les pauvres ou par les bohémiens; et comme la police était fort mal faite ou plutôt n'existait pas, que les larrons avaient mille repaires où les sergens se fussent fait fouetter plutôt que de poser un pied, quand on avait perdu son fils ou sa fille, il n'y avait guères d'autres ressources que de chercher à en avoir un autre ou une autre. Mais cette ressource là n'était pas du goût de maître Guillaume qui manquait de confiance en ses soixante ans.

Il sortit et s'achemina vers la maison habitée par Thémis. Mais à chaque pas que le bourgeois faisait dans la rue, il était accosté par d'autres bourgeois gens aussi loquaces qu'il était possible d'en trouver sur la terre, et qui s'empressaient de l'accabler de questions et surtout de condoléances sur l'affreux événement que le bavardage public, remplissant le rôle de la Renommée, avait déjà colporté dans tous les coins de la ville. Maître Guillaume se laissait arrêter, se laissait questionner, et recommençant vingt fois la même histoire, confondait dans ses malédictions le sauteur, l'enfant et sa propre femme.

Cependant le bruit de l'accident, colporté par toute la ville, était aussi arrivé dans un somptueux logis occupé par le gouverneur, lequel n'était autre que messire Eudes Fouquart comte de Tranchille, gentilhomme d'une grande naissance, chez qui les talens militaires étaient éclipsés par le goût de la parure et le ton le plus parfait.

Il n'y avait pas dans toute la province un homme plus agréable. A la vérité, il ne passait guère sa garnison en revue, il ne faisait pas de *montre* de la noblesse, comme on disait alors; le ban et l'arrière-ban restaient bien tranquilles dans leurs foyers, et rarement des hommes d'armes paradaient sur la grande place en présence de Monseigneur le gouverneur, qui laissait volontiers ces soins guerriers à ses subordonnés; mais de Melun à Paris et de Paris à Rome, on n'eût su voir une moustache mieux frisée, plus régulièrement tordue, plus uniformément régulière que celles de ce parfait gentilhomme.

A vingt pas il exhalait une odeur incomparable de violette, de musc et de benjoin; il usait un pot de pommade par jour pour en embellir et en graisser ses beaux cheveux chatains, et quand il tirait son mouchoir, les charmantes bourgeoises de Melun écarquillaient les narines pour ne rien perdre du coquet parfum de Monseigneur.

Grand dommage que ledit Monseigneur ne fut pas plus jeune que maître Guillaume. « — Au contraire, disaient quelques malveillans, il a quatre ou cinq ans de plus. » Mais ces malveillans étaient certainement des ennemis du roi. Donnons à Monseigneur le comte de Tranchille cinquante-neuf ans bien sonnés, et n'en parlons plus. Avouons, pour être fidèles à la vérité que ses beaux cheveux sont malheureusement hors d'état de supporter la pluie ou même l'humidité sans perdre un peu de leur couleur, et convenons que le front et les joues du plus charmant des gouverneurs sont vertement tirés pour ne pas laisser voir les rides.

Du reste, avec son nez pointu, son menton de galoche et ses yeux éraillés, c'est un homme bien séduisant.

Après cette description, où je réhabilite les grâces d'un raffiné illustre qu'on a trop calomnié, il me semble que j'ai la conscience en plus grand repos. Il me semble entendre monseigneur de Tranchille qui me crie du fond de sa tombe :

— Merci, auteur, merci!

— Ne vous dérangez pas pour si peu,

mon brave gouverneur! vous me rendez confus!

Monsieur de Tranchille aimait assez maître Guillaume. Le hasard voulut qu'il le rencontrât dans la rue au moment où lui-même se rendait à son hôtel après avoir fait de bonne heure un tour par la ville sous prétexte d'aiguiser son appétit pour le déjeûner, mais par le fait, pour s'offrir aux regards admiratifs des jolies bourgeoises de la ville et entendre murmurer derrière lui par de petites voix :

— Jésus-Dieu! comme monsieur le gouverneur sent bon ce matin!

— Ma mie, il aura reçu certainement de nouvelles drogues précieuses de Paris!

— Il n'y a pas à douter que monsieur le gouverneur ne se fournisse chez les plus fameux marchands de la cour!

— Mais admirez donc, je vous prie, les

beaux bas de soie bien tirés! et ce mollet!

— Ah! le beau mollet!

Ces exclamations et d'autres encore faisaient le bonheur de monseigneur de Tranchille, qui jetait sur ses petites admiratrices des regards pleins de grands mercis et de bonnes intentions.

Au retour donc de sa promenade, monseigneur rencontra maître Guillaume.

— Bonjour, maître Guillaume, mon grand ami! s'écria le débonnaire potentat.

— Vous voyez un homme bien malheureux, répondit le bourgeois. Au bout de soixante ans de vie et de deux mariages, le bon Dieu m'accorde un fils, et voilà qu'on me le vole!

— On vous a volé votre fils?

— Oui, monseigneur. C'est un gredin de saltimbanque qui...

— Voilà un grand malheur! Comment trouvez-vous ma fraise?

— Très-bien. Je viens d'aller chez M. le lieutenant-général du bailliage, pour le prier d'envoyer partout à la ronde pour faire arrêter, torturer, brûler, pendre et rouer l'homme infâme qui m'a volé mon fils, un fils né d'hier, que j'ai eu à soixante ans, qui devait illustrer le nom de Gorgebut!

— Voilà un grand malheur! Mais je suis triste aussi : on m'a envoyé de Paris des bas de soie qui ne me vont pas. Chacun a ses chagrins !

— Ah! monseigneur, chacun a ses chagrins, c'est vrai! Mais convenez pourtant qu'il y a peu de gens auxquels on vole leur fils au moment presque où il vient de naître.

— Je l'avoue : mais il n'est pas moins rare de recevoir des bas de soie dans lesquels on ne peut pas entrer. Ordinairement on dit, en façon de proverbe : Cela ou ceci me va comme un bas de soie... Mais n'en parlons plus; les douleurs de l'un n'empêchent pas les douleurs de l'autre, et jamais on ne pourra dire avec justice que le gouverneur de Melun est absorbé par ses intérêts privés. Je trouve qu'il fait froid, et je rentre. Voulez-vous venir faire votre visite à madame ma femme? Elle ne sera pas fâchée de savoir pertinemment à quoi s'en tenir sur le vol de votre enfant. Mon Dieu! il ne faut pas lui en vouloir de cette curiosité ! les femmes sont des femmes, maître Guillaume, et même celles du plus haut rang. Elles n'ont pas toutes l'esprit grave, sérieux et respectable des hommes. A propos, savez-vous bien que l'on va courir la bague à la cour, et que tous les coureurs seront habillés en femmes? Le roi aura une robe verte, avec une coiffure de perles ; monseigneur de Guise aura une robe rose, avec une garniture de diamans et d'opales ; moi je crois que je serai en ponceau, avec des fleurs violettes dans les cheveux.

Tout en raisonnant ainsi, le gouverneur et le bourgeois s'acheminaient vers l'hôtel ; mais la comtesse avait déjà reçu la nouvelle du grand malheur arrivé à sa filleule et comme elle était fort charitable, elle s'était empressée de demander sa litière et ses porteurs et de se rendre accompagnée seulement de son écuyer chez la dame Barbette.

Madame la comtesse de Tranchille était une femme de beaucoup d'esprit, comme il n'en manquait pas à cette époque. Elle était fort bien née, avait vécu quelques années en Italie à la suite d'une grande princesse, avait lu tout ce que les beaux esprits de Rome, de Ferrare, d'Urbin et de Florence produisaient, et dans la conversation de ces érudits aimables et de ces poètes, elle avait puisé un enjouement et une bonne grâce qui lui donnaient le plus charmant caractère.

Elle n'était pas jeune, car elle avait deux ans de moins seulement que monseigneur son mari; mais elle avait plus de solidité dans l'esprit que son époux et maître ; aussi le menait-elle, et tous deux s'en trouvaient bien.

Quand elle entra dans la chambre de sa filleule, elle la trouva pâle, assise sur son lit et absorbée dans la contemplation de pensées intimes qui ne devaient avoir rien de bien doux ni de bien tranquillisant. La comtesse se fit avancer un fauteuil par son écuyer, puis ayant donné ordre à son serviteur de se retirer, elle prit la main de la jeune femme et commença ses efforts pour consoler la malheureuse mère.

— Allons, ma fille, lui dit-elle, calmez-vous! votre désolation n'est pas raisonnable, et Dieu nous a appris par sa mort à souffrir avec plus de patience.

— Ah! ma chère marraine, répondit Barbette en regardant la comtesse avec un air douloureux, vous ne comprenez rien à mon chagrin, je vous l'assure, et vous n'en voyez pas toute l'étendue. Je pleure non-seulement tout mon malheur présent, et il est grand, je vous l'assure!...

— Je le crois sans peine, dit doucement la comtesse, bien que le ciel ne m'ait jamais donné d'enfans!

— Mais je pleure encore bien davantage la lâcheté que j'ai commise en épousant maître Guillaume!

— Ma pauvre fille, dit Madame de Tranchille, voilà un malheur dont il ne vous convient pas de parler.

— Ah! Madame, je n'ai bien compris que depuis six mois combien j'ai eu tort de donner la main à ce bourgeois avare, quinteux, dur et qui me traite mal.

— Eh! pauvre Barbette, répondit la comtesse, vous raisonnez aujourd'hui tout de travers! Où avez-vous jamais vu qu'un mari qui a passé par l'examen de sa femme pendant un an déjà, donne jamais sujet qu'on se félicite de l'avoir pris! Vous parlez là comme une sotte, et si vous aviez un peu réfléchi dans votre vie, vous sauriez que de tous les êtres imparfaits dans ce monde, le mari est le plus mal conformé au physique et au moral. Vous n'avez qu'à jeter les yeux autour de vous pour vous en apercevoir.

— Cela est vrai, madame, répondit Barbette avec tranquillité, mais il y a des momens où la vérité vous entre par les yeux et vous poignarde. Depuis le jour de mon mariage, maître Guillaume me déplaît; mais voilà six mois que je ne puis le souffrir. Quand je le vois entrer dans ma chambre, je suis près de suffoquer, tant j'ai de colère et de dégoût, et s'il faut vous dire les choses comme elles sont, je suis fâché d'avoir perdu mon fils, sans nul doute, mais...

— Comment, mais?... Réfléchissez, Barbette, que vous allez dire une énormité!

— Mais je suis presque contente de n'avoir pas un lien de plus avec maître Guillaume.

— Voilà qui est grave, reprit la comtesse, qui était une femme d'expérience; cette grande haine pour votre mari est tout-à-fait contraire à la loi de Dieu! et vous êtes pieuse, Barbette.

— Ah! ma marraine, dit la bourgeoise en soupirant! comment se peut-il que Dieu, qui est tout bonté, tout perfection, prenne plaisir à forcer de malheureuses femmes à aimer des gens comme maître Guillaume, sous prétexte qu'ils sont leurs maris.

— Ceci est un grand mystère, reprit la comtesse, et je ne me charge pas de vous l'expliquer. Il suffit que l'ordonnance existe, et je vous engage à vous y conformer. Eh! ma pauvre enfant, croyez-vous que je ne m'ennuie pas moi-même bien souvent d'avoir M. le comte sous les yeux toute la journée? le supposez-vous bien divertissant avec ses pommades et tous ses affiquets de toilette, sans compter ses faux cheveux? Allez, allez, il n'est guère de femme qui n'ait sa croix, et c'est en ce point que nous sommes plus près du paradis que les hommes. Mais n'insistons pas. Il y a une cause pour que vous ayez pris votre cher époux dans cette grande haine; une cause nouvelle, j'entends. Ah!

Barbette, vous rougissez ; ah! Barbette, qu'est-ce cela, vous pâlissez? auriez-vous laissé l'amour se glisser dans votre gentil cœur? Prenez-y garde! l'amour n'est autre que Lucifer lui-même avec du rouge et une perruque blonde!

— Vous plaisantez, ma marraine, dit Barbette en fondant en larmes, et je suis bien malheureuse!

— Allons, ma pauvre filleule, calmez-vous! Racontez-moi seulement ce qui vous tracasse. Un jeune homme a passé plus que de raison sous vos fenêtres?

— Hélas! madame, il m'a parlé à l'église.

— Qu'est-ce cela? Parlé d'amour dans une église? C'est donc un mécréant?

— Madame, il avait un habit gris qui lui allait à ravir.

— C'est égal. J'espère que vous ne lui avez pas répondu ?

— Non, madame.

— Alors, il vous a laissé tranquille ?

— Non, madame.

— Ne vous faites pas ainsi arracher les paroles de la bouche. Il est revenu dans l'église ? à la promenade ? dans cette maison ? Quoi ! dans cette maison ?... Barbette ! ne me mentez pas ! Tout ceci est fort coupable ! Je vais y mettre ordre !

— Ah ! madame, je lui ai bien défendu de recommencer ; j'espère que j'en suis débarrassée pour toujours, et il m'a demandé un anneau d'argent que j'avais au doigt, en me jurant que s'il l'obtenait, il ne reviendrait plus.

— Vous êtes une sotte, Barbette. Comment s'appelle ce libertin ?

— Il s'appelle, ma marraine, le baron Louis de la Mothe-Baranne !

IX.

Le plus heureux des gouverneurs en devient le plus infortuné.

En prononçant le nom de Louis de La Mothe-Baranne, la petite bourgeoise rougit excessivement, comme c'est l'usage en pareil cas. Les anciens étaient d'avis que c'était là arborer la couleur de la vertu ; je le veux croire, mais je pense aussi que le rouge qui monte au visage d'une jolie personne lorsqu'elle avoue qu'un beau garçon prend garde à elle, emprunte quelque chose de sa vivacité à un sentiment moins sévère, et que Caton ne connaissait pas.

Madame de Tranchille plaisantait volontiers, mais au fond elle était terriblement sévère; de sorte qu'au nom du jeune séducteur, elle fronça le sourcil, ce qui inspira une peur terrible à sa filleule.

— Qu'est-ce que c'est que ce La Mothe-Baranne dont vous me parlez-là ? dit la comtesse d'un air courroucé ; je ne connais à la cour aucun courtisan de ce nom. Dans ma jeunesse, j'ai rencontré quelquefois un capitaine La Mothe-Baranne, qui était fort vieux et grand joueur de tarots ; mais il doit avoir cent ans s'il vit encore, et ce ne peut pas être celui-là qui vous poursuit.

—Ah! madame, répondit Barbette d'une voix faible, M. le baron est un jeune homme de dix-huit ans.

— De dix-huit ans? Et vous vous laissez endoctriner par un morveux de cette espèce? Je veux croire qu'il est effronté, car à mesure que j'ai vieilli, j'ai reconnu que la jeunesse devenait pire, mais cependant en lui parlant comme vous auriez dû le faire, vous l'eussiez, sans nul doute, éloigné.

—Madame! madame! vous en dites beaucoup de mal et vous ne le connaissez point! M. le baron est un jeune homme très-timide.

— Il ne me semble pas; mais, pour que j'en juge, racontez-moi comment vous l'avez vu pour la première fois.

— Madame, je l'ai rencontré, ainsi que je vous l'ai dit, à l'église. Le pauvre garçon, entraîné certainement par quelques mauvais sujets, était monté sur une des fenêtres, et il faisait un peu de bruit. Il est tombé et il s'est fendu la tête. On l'a porté dans notre maison, qui est tout proche, et maître Guillaume l'ayant reconnu pour être le beau-fils d'une de ses pratiques, m'a ordonné de le bien soigner. Depuis ce jour-là, il est revenu bien souvent pour voir maître Guillaume, qui....

— Qui n'y était jamais à l'heure où venait le petit jeune homme? fit la comtesse, je connais ces histoires-là. Mais enfin c'est un enfant que vous aviez là pour adorateur ? Que vous disait-il, ce petit serpent?

— Ah! madame, si vous saviez comme il est vif et aimable.

— Je m'en doute. De quoi parliez-vous?

— Il me racontait qu'il était très-malheureux chez son beau-père, et qu'il voudrait bien demeurer chez maître Guillaume, pour qui il se sentait tout plein de respect.

— Voyez-vous le petit scélérat ! Et tu lui répondais ?

— Je lui répondais aussi que j'étais fort à plaindre chez maître Guillaume, et que c'était bien loin d'être une maison aussi charmante qu'il le croyait. Je soupirais, je pleurais, il pleurait et soupirait aussi, et voilà tout. Cela a duré ainsi jusqu'au moment où il m'a demandé ma bague d'argent. Alors j'ai bien compris qu'il y avait quelque chose qui n'était pas bien dans sa pensée ; j'en ai parlé à mon confesseur, de peur de mal juger mon prochain.

— Il est joli, le prochain ! dit la comtesse en levant les épaules ; et qu'a dit le confesseur ?

Ici, les larmes de Barbette reprirent de plus belle.

— Il m'a dit que j'étais presqu'en péché

mortel! J'ai renvoyé M. le baron. Pauvre jeune homme, il a bien pleuré, allez, madame; pouvais-je moins faire que de lui donner mon anneau?

— C'était très-inutile; mais il est parti, le petit coquin de baron?

— Il est parti pour toujours, madame, poursuivit Barbette en sanglotant; mais c'est égal, je déteste bien maître Guillaume et le détesterai jusqu'à mon dernier soupir!

Quand la jolie bourgeoise eut terminé tant bien que mal sa confession, la comtesse poussa un profond soupir comme il arrive aux personnes soulagées d'un grand poids. Elle se renversa dans son fauteuil, et jetant sur sa filleule un regard moins sévère, elle passa du ton rigoureux d'un juge au langage plus affectueux d'une amie.

— Je vois avec plaisir, ma chère enfant, dit-elle, que vous n'avez pas perdu un seul instant le sentiment de vos devoirs. Je vous en félicite, et, comme votre marraine, j'y attache une importance toute particulière. Nous veillerons, soyez-en sûre, à ce que M. le baron aille grimper sur d'autres fenêtres que celles de votre église, ou que du moins s'il s'y casse le nez, il se fasse porter dans d'autres maisons que la vôtre; quant à votre mauvaise humeur contre maître Guillaume, c'est une injustice sur laquelle vous reviendrez.

— Jamais, madame! s'écria Barbette d'un ton résolu; il est trop vieux, trop laid, trop désagréable, trop ennuyeux, trop grondeur, trop....

Elle prononça cette série interminable de griefs tout d'une voix, et elle ne l'interrompit que parce que la comtesse lui mit la main sur la bouche.

— Ah! mon Dieu! ma toute belle, que tu

connais bien ton mari! Quel inventaire de ses qualités tu me fais là! Mais il ne faut pas te monter la tête ainsi. Vis bien avec lui; mets-le au pas lorsqu'il t'opprimera par trop, et souviens-toi bien qu'une femme d'esprit ne doit jamais permettre à son mari de déployer tous les défauts que tu viens d'énumérer.

Au moment où la comtesse terminait sa phrase, le comte de Tranchille entra suivi respectueusement de maître Guillaume.

— Bonjour, ma belle filleule, dit le vieux et galant gentilhomme; eh bien! notre pauvre fils a donc disparu! comme je le disais tout à l'heure à mon grand ami, maître Guillaume, la journée est tout à fait néfaste pour vous comme pour moi? Mais n'ayez pas peur, la justice est en l'air, on va battre le pays dans tous les sens et si, comme je l'espère, votre saltimbanque n'est pas un sorcier et n'a pas emmené le pauvre petit garçon au diable sur un manche à balai, soyez sûr qu'on va nous le ramener pieds et poings liés, j'entends le sorcier-saltimbanque et non pas votre cher fils. Mais ne parlons plus de sujets aussi tristes, mettons autant que possible nos chagrins de côté, soyons fermes contre l'adversité et pensons à nous divertir quelque peu.

— Voilà bien votre grand mot lâché! dit aigrement la comtesse; on dirait que vous n'êtes en ce monde que pour vous amuser depuis le matin jusqu'au soir; vous n'avez d'autre idée; et si sa majesté ne m'avait pas pour gouverner comme il faut sa ville de Melun, je ne sais vraiment si elle ne ferait pas bien de vous remplacer par quelque personnage plus sensé. Non, monsieur, ce n'est pas aujourd'hui l'occasion de se divertir. Je vais passer la journée avec ma pauvre filleule affligée; nous prierons et nous pleurerons ensemble; maître Guillaume retournera auprès des gens de justice pour presser leurs démarches toujours trop lentes, et vous, vous allez aller trouver les capitaines de la garnison pour qu'ils aient à envoyer leurs gens en patrouille de côté et d'autre. Vous m'entendez?

— Le moyen de ne pas vous entendre, ma mignonne! dit gracieusement Monseigneur, vous parlez assez haut et assez clairement pour mon oreille. Je regrette d'avoir dit quelque chose qui vous ait déplu, mais je vais réparer ma faute sans aucun retard. Adieu, ma belle petite Barbette; madame la comtesse, je suis votre serviteur! Venez, maître Guillaume, montrons-nous les esclaves dévoués de nos divines moitiés.

Monseigneur, avec toute l'aménité de son caractère, ne restait jamais que le moins possible en présence de sa femme; en général, il avait une imagination féconde en prétextes pour s'absenter, et lorsque l'ordre lui était donné de partir, il en profitait toujours avec empressement.

Cette fois-ci, il suivit sa coutume ordinaire, et une fois dans la rue, voyant que maître Guillaume avait toujours la même mine contrite et marmiteuse il s'empressa de se débarrasser d'un compagnon dont il n'avait rien de bon à attendre.

— Allez, mon grand ami, lui dit-il; allez me presser la paresse de tous ces robins. Je vais, de mon côté, faire merveille en votre faveur. Si nous ne retrouvons pas le petit bonhomme, soyez certain que nous n'aurons pas à nous reprocher d'avoir rien négligé pour ce faire.

Maître Guillaume salua monseigneur très humblement, et partit; mais lorsqu'il se trouva seul, monseigneur se gratta l'oreille d'un air pensif.

— Vais-je donc, se dit-il, passer ma journée à courir après celui-ci ou celui-là pour faire plaisir à Madame la comtesse? Non, ferai-je sur mon honneur! Je serais bien fou de m'occuper d'un petit fripon, lequel a quitté la maison paternelle! Il ne mérite pas ma sollicitude. Je vais plutôt aller faire une partie de cartes chez mon grand ami Brillaché. On pensera peut-être à la cour que j'aime le bourgeois; mais je tiens avec MM. les princes de Lorraine que, par le temps qui court, on ne saurait trop leur faire de politesses, et, en outre, ils ne me contrarient jamais!

Monseigneur fit donc un détour comme pour rentrer chez lui. Il voulait que si l'écuyer de madame sa femme avait reçu ordre d'épier ses démarches, le drôle pût croire qu'il avait réellement l'intention de convoquer les chefs des troupes; mais lorsqu'il se fut bien convaincu que personne ne le suivait, il tourna sur ses talons, et revint en se dandinant du côté du logis de maître Brillache.

Il n'en était pas loin quand il entendit à ses côtés une voix qui s'écriait :

— Ah! Dieu soit loué! c'est monsieur le gouverneur! Je vous salue mille fois, comte, et viens vous demander justice!

— Qu'y a-t-il? s'écria monseigneur, en tressaillant comme un homme qu'on réveille en sursaut; que me voulez-vous? Ah! c'est vous, seigneur de Chanteclaude? Pourquoi cet air soucieux? Je ne vois depuis ce matin que des gens peu raisonnables.

— Il faut me faire justice, monsieur! répondit le vieux gentilhomme.

— Justice! jamais on ne l'a tant demandé

qu'aujourd'hui. Vous allez voir qu'on vous a aussi enlevé un enfant!

— On m'en a enlevé deux, sur l'honneur! répondit le seigneur Gui, et je viens vous supplier de me les rendre.

— Ma foi, je ne les ai pas dans mes poches et je ne sais ce que vous voulez dire. J'ai des affaires pressées qui m'appellent chez le bourgeois Brillache, nous causerons plus tard de vos enfans.

— Non, monsieur, dit sévèrement le seigneur Gui, il faut que vous m'écoutiez. Le roi ne vous a pas fait gouverneur de Melun pour fermer ainsi les oreilles aux réclamations de la noblesse. Ecoutez-moi!

— Je vous écoute, répondit le pauvre monseigneur de l'air d'un patient qu'on tyrannise.

— J'ai les deux enfans de ma défunte femme, poursuivit le gentilhomme, que j'aime parfaitement; je les envoyais pour les fêtes de Noël chez mon cousin de Cornisse.

— Ah! je sais, interrompit le comte, un homme d'une réputation douteuse! Je ne me mêle pas d'une affaire dans laquelle il est de quelque chose.

— On calomnie mon cousin, répartit sévèrement le seigneur Gui, mais, du reste, ce n'est pas de lui qu'il s'agit, comme vous allez voir. Mes deux enfans sont partis hier de chez moi, et ce matin, le maître de l'auberge où ils sont arrivés hier au soir est venu me dire qu'ils ont été enlevés pendant la nuit!

— Comment laissez-vous, dit monseigneur d'un air de reproche, comment laissez-vous voyager deux enfans qui viennent de naître, comme me le répétait pendant toute la matinée maître Guillaume?

— Comment maître Guillaume? Qu'est-ce que cela veut dire? Je ne vous comprends pas, monsieur! Mon beau-fils a dix-huit ans et ma belle-fille seize!

— Vous ne me parlez donc pas de l'enfant de maître Guillaume! Ah! c'est vrai, je confonds! Pardon! J'y suis maintenant! et qu'est-ce qui vous a enlevé vos enfans?

— On m'a dit qu'ils avaient été accostés par un saltimbanque déguisé et que cet homme les a fait sortir la nuit par la fenêtre de leur chambre!

— Un saltimbanque déguisé qui fait sortir la nuit par la fenêtre de leur chambre deux personnes d'âge à se pouvoir défendre? Monsieur de Chanteclaude! vous essayez de vous jouer de mon intelligence!

— Nullement, monsieur! Je ne dis pas que le saltimbanque les a enlevés de force;

peut-être, et c'est même probable, a-t-il employé la séduction!

— La séduction? Un saltimbanque qui emploie la séduction? La séduction de ses cabrioles? Il n'y a que peu de rapports entre une cabriole et la fuite de deux enfans! Je m'y perds tout à fait et votre narration me paraît improbable! Mais attendez!... Quoi! C'est un trait de lumière! un saltimbanque, dites-vous a escamoté vos deux enfans?

— Oui, monsieur; du moins j'ai tout lieu de le croire d'après le rapport de mon aubergiste; cet homme est venu avec moi et je vais vous l'envoyer.

— Hé bien! sachez, reprit monseigneur, qu'un saltimbanque a aussi fait disparaître le fils de maître Guillaume, avec lequel je confondais tout à l'heure les deux vôtres. Ainsi, un, deux, trois, voilà trois enfans en bas âge enlevés en l'espace de quelques heures par un baladin. C'est extraordinaire! ma tête s'y perd! comment sortir d'une affaire si étrange! Quant à moi, je l'avoue, je voudrais pour beaucoup n'être pas gouverneur de Melun!

— Monsieur, s'écria le seigneur de Chanteclaude, si vous vous mettez dans un pareil état, qui me rendra mes enfans?

— Je ne vous le saurais dire, répondit tristement monseigneur, car ce saltimbanque qui vole un, deux, trois marmots en un seul jour, embrouille complètement toutes mes idées. Je ne crois pas qu'un pareil fait se soit jamais vu à Melun et j'aurais désiré qu'il n'arrivât pas de mon temps! Bon! voilà le pire! Rustre que tu es, ne pouvais-tu m'aborder sans mettre le pied dans le ruisseau et couvrir mes bas de soie de ces taches infâmes.

Ces terribles paroles, accompagnées de

regards furieux, s'adressaient à l'aubergiste qui venait d'arriver, et qui, le bonnet à la main, commença à s'excuser de son mieux ; puis, comme il ne savait pas ce que Monsieur de Chanteclaude avait pu dire au gouverneur, il commença à faire ses réclamations.

— Justice! monseigneur! s'écria-t-il.

— Va-t-en au diable!

— Ah! monseigneur, un coquin de saltimbanque a volé cette nuit, chez moi, deux jeunes voyageurs qu'il a entraînés sans leur laisser le temps de payer leur souper!

— Deux voyageurs! Un, deux, trois, quatre, cinq! Mais c'est Lucifer en personne que ce saltimbanque!

— Vous confondez, monsieur, dit le seigneur Gui. Je ne crois pas que cet homme veuille dire....

— Je ne confonds pas, dites que je suis

confondu et vous serez plus près de la vérité ! Que voulez-vous me demander ? que puis-je faire, moi, gouverneur de Melun, contre un saltimbanque qui dépeuple tout le pays ? Ne me parlez pas, ne me répondez pas, c'est inutile ! Il n'y a rien à faire qu'à se soumettre à la volonté de Dieu et à fermer ses portes. Tout ce que je puis pour vous, c'est de donner ordre à l'instant de tambouriner par toute la ville que chacun ait à bien veiller sur ses enfans ! Cinq malheureux dévorés en un jour, en quelques heures ! C'est à bouleverser le cerveau le plus solide !

— Monsieur, permettez-moi de vous le répéter, dit le seigneur de Chanteclaude d'un ton sec, vous entendez mal l'affaire. Si vous vouliez bien m'accorder une audience ailleurs que dans la rue, je crois que nous parviendrions à arrêter le cours des brigandages qui désolent, à ce qu'il paraît, encore une autre famille que la mienne, et alors vous donneriez sujet à tout le pays de bénir votre autorité.

— Il est certain que si je sors vainqueur de difficultés aussi épineuses, j'aurai lieu de compter sur votre reconnaissance. Mais, M. de Chanteclaude, ne vous y trompez pas. Les personnes comme moi, constituées en dignité et qui ont à veiller sur de grands intérêts, ne peuvent se laisser absorber par une difficulté unique. Je manquerais à tous mes devoirs si, pour retrouver ces malheureux enfans, je négligeais les autres devoirs de ma charge. J'ai entendu votre réclamation ; j'ai retenu la tienne ! malotru qui as éclaboussé mes bas fort inutilement ! Rendez-vous l'un et l'autre à mon hôtel où je vous rejoindrai dans une heure plus ou moins ; là, nous verrons ce qu'il y a à faire ;

j'aurai réfléchi, vous aurez médité, et nous tâcherons d'agir pour le mieux.

— J'y compte, monsieur, répondit le seigneur de Chanteclaude en fronçant le sourcil ; je crois devoir vous dire du reste que si votre activité ne me secondait pas comme j'ai droit de l'attendre, je me verrais forcé d'en écrire en cour.

— Et moi aussi j'en écrirai en cour. Il est bon, il est très-bon que le Roi sache au plus juste ce que sont les saltimbanques qu'il possède dans ses États.

Ayant ainsi parlé, monseigneur tourna le dos au seigneur de Chanteclaude et à l'aubergiste, et reprit d'un pas vif son chemin vers le logis de maître Brillache.

En entrant dans la salle lambrissée de bois de chêne, où l'accueillaient d'ordinaire les mines joyeuses du bourgeois et de sa femme, riants auprès d'un bon feu, il avisa le maître du logis languissamment étendu dans son fauteuil. Au moment où monseigneur entra, Brillache joignit les mains, sa femme fit de même, et tous deux s'écrièrent :

— Justice! monseigneur.

— On vous a volé votre enfant?

— Nous n'en avons pas.

— Que vous a-t-on fait?

— On m'a volé mon manteau et mon chapeau.

— Qui? un saltimbanque.

— J'ai tout lieu de le croire, monseigneur.

— J'en étais sûr. Ah! ce saltimbanque me fera mourir. Tu parles de manteau, tu parles de chapeau; sais-tu bien, malheureux, que tu es le plus heureux des habitans de cette triste contrée? sais-tu bien que ton saltimbanque vole les enfans à droite et à gauche, aux gentilshommes, aux bourgeois, aux aubergistes? Mais où diable peut-il cacher tous ces enfans-là? Qu'en fait-il? Voilà ma journée perdue, voilà que je suis entouré, harcelé d'embarras. Non, non, non, je n'aurais jamais consenti à être gouverneur de Melun, si j'avais su à quoi on était exposé dans cette misérable ville.

Ayant prononcé ces paroles, monseigneur sortit précipitamment d'une maison d'où la douce gaîté s'était retirée, et rentra chez lui, bien qu'en soupirant, faute de trouver un autre lieu où aller.

Tels étaient les chagrins que causaient Belavoir et ses nouveaux amis.

X.

L'horizon politique s'embrunit et se rembrunit.

Le seigneur Gui de Chanteclaude était, de son naturel, un homme de mauvaise humeur; aussi les difficultés qu'il rencontrait à retrouver son beau-fils et sa belle-fille le jetaient dans une véritable exaspération. Il y a lieu de croire que ce n'était pas précisément par tendresse, comme il le disait, qu'il aurait voulu les avoir l'un et l'autre sous la main; mais enfin c'était son envie, et du moment qu'il les avait perdus, il se trouvait à plaindre.

Il n'est pas plus agréable de voir s'échapper les gens auxquels on veut nuire, que ceux dont la présence est nécessaire au bonheur de notre âme. Maintenant, on me demandera sans doute (ce seront les âmes timorées qui me feront cette question), si le seigneur Gui avait réellement médité la mort ou l'emprisonnement des deux aimables voyageurs dont Belavoir s'était fait le guide; c'est là une question délicate et à laquelle, pour le moment, je ne saurais faire aucune réponse. Je dirai au lecteur, pour le consoler, que le seigneur Gui nous a bien la mine d'un mauvais homme, que, sous le règne de Henri III, les beaux-pères étaient des gens redoutables, lorsque leurs intentions étaient mauvaises, attendu que la police était fort mal faite; et enfin que, dans tous les cas, Louis et Charlotte ayant échappé au pouvoir de ce tuteur soupçonné, nous n'avons pas, en ce moment du moins, sujet de craindre soit pour leurs jours, soit pour leur liberté.

Et c'est précisément là ce qui fait que le seigneur de Chanteclaude se promène de long en large, comme un homme accablé sous le poids du chagrin, dans le grand salon de l'hôtel de monseigneur. Dans un coin, l'aubergiste se tient mélancoliquement debout, les yeux baissés vers le plancher et la mine d'un homme qu'on va pendre. Il n'a perdu, à la vérité, que le prix de deux soupers; mais il lui semble que cela seul doit bien suffire pour le chagriner pendant un mois. Puis la déconvenue de voir ses voyageurs s'en aller par les fenêtres, ne l'affecte pas moins peut-être que la perte des soupers. C'est un exemple dangereux, et qui, s'il venait à être suivi, porterait le trouble dans toutes les affaires de l'auberge.

Ainsi, les deux plaignans faisaient fort triste mine, lorsque Monseigneur rentra chez lui et parut dans le salon où ils l'attendaient.

Le comte de Tranchille faisait en ce moment comme font les malades qui s'arment d'énergie pour avaler une médecine; ils voudraient voir le noir breuvage à tous les diables; mais comme ils sont bien convaincus que leur médecin et leur famille ne leur laisseront pas un moment de repos jusqu'à ce qu'ils l'aient avalé, ils s'ingèrent de leur mieux pour être énergiques, se pincent le nez, ferment les yeux et courent au-devant de la triste boisson.

Ainsi fit le comte. Il se laissa tomber dans un fauteuil au coin de l'immense cheminée, appuya son bras sur la table, tira son miroir de poche, pour, du moins, ne pas perdre absolument son temps, et tandis qu'à l'aide d'un petit peigne, il rajustait sa chevelure, sa moustache et sa barbe, il se décida à écouter les doléances du gentilhomme et du manant.

— Allons, seigneur de Chanteclaude, s'écria-t-il, terminons cette fâcheuse affaire. Avez-vous réfléchi? Je vous y avais invité; pour moi j'ai médité de mon côté, comme je vous l'avais promis, et je vous avoue sincèrement que je n'ai rien trouvé de raisonnable à faire, sinon de prendre patience, et voici sur quoi je fonde mon opinion. Il est évident que ce saltimbanque n'est pas un coquin ordinaire.

— Oh! non, monseigneur! dit l'aubergiste, je crois au contraire qu'il y en a peu de son espèce, le scélérat!

— Une fois pour toutes, croquant! si tu m'interromps, je te fais jeter à la porte et je ne m'occupe plus de ton affaire! Tiens-toi le pour dit! Je pense donc, seigneur Gui, que ce sauteur n'est pas un criminel ordinaire. Je m'explique; l'étendue comme la variété de ses crimes me semble démontrer qu'il dispose de vastes ressources, et il y aurait je crois, faiblesse d'esprit à admetttre qu'il soit seul à perpétrer ses abominables actions. Il est donc évident que moi, chargé par le monarque de maintenir la tranquillité dans le pays, je ne puis m'aventurer à la légère dans des embarras qui pourraient avoir une fin difficile à prévoir, et que, quand bien même je saurais (ce que j'ignore!) où le saltimbanque en question s'est retiré avec ses victimes et le manteau et le chapeau de Brillache, je devrais encore me garder d'aller le troubler imprudemment avant de m'être assuré d'avance des amis puissans qu'il peut avoir et des motifs qui le font agir. Dans une situation si délicate, si épineuse, j'ai donc raison de vous dire qu'il n'y a rien à faire, et que ce que nous pouvons imaginer de meilleur, c'est de nous tenir coi et de voir venir les événemens.

Le seigneur Gui, ayant laissé parler monseigneur jusqu'au bout, sourit avec amertume.

— Voilà bien répondit-il, le langage ordinaire des gens que le roi croit avoir établis pour la protection de ses sujets! J'ai soixante ans, monsieur le comte!

— Vous êtes mon aîné de beaucoup,

répondit celui-ci en donnant un pli délicieux à sa moustache.

— Eh bien! sachez que, dans ma carrière, il m'est arrivé plus d'une fois d'avoir affaire à vos prédécesseurs, et toujours, soit que ma demande fût considérable ou petite, je les ai trouvés empressés à la mettre de côté et à ne jamais agir.

— Vous voyez donc bien que Melun a toujours été gouverné prudemment et que je ne saurais mieux faire que de suivre les excellentes traditions de mes prédécesseurs.

— Je n'ai pas fini, monsieur, poursuivit le seigneur Gui. J'ai toujours réussi à vaincre la somnolence, la mauvaise volonté, la mauvaise foi!

— Monsieur! s'écria le comte sans se lever et sans quitter son miroir de poche, vous parlez à votre gouverneur, songez-y bien ! Je suis bon, mais...

— Monsieur ! je maintiens toutes mes paroles et puisque vous n'avez rien trouvé de convenable pour me tirer de peine en me rendant mes enfans; je vais, moi, vous dicter ce qu'il y a à faire. Vous voudrez bien ne pas oublier, monsieur, que je suis petit-cousin et grand serviteur de monseigneur le duc d'Epernon, et que j'ai mille moyens d'exécuter mes menaces !

— Je me moque des menaces ! néanmoins je vous écoute pour savoir ce que vous avez pu rêver.

— C'est bien simple et voici qu'une personne arrive, laquelle vous pourra, si elle veut, aider dans ce que je demande.

Monseigneur tourna la tête vivement pour savoir quel était l'auxiliaire qu'on lui donnait sans l'avoir prévenu.

C'était monsieur le lieutenant-général du baillage avec sa robe noire et son bonnet carré, gros et grand homme au nez droit et démesuré, dont la voix caverneuse portait d'ordinaire la terreur dans l'âme de tous les accusés. Beau magistrat, du reste, grand pourvoyeur de potences, amateur de petites tortures anodines et ne dédaignant pas quelquefois de mettre la main à la pâte pour prouver tout le zèle qu'il apportait dans ses fonctions.

Monseigneur ne pouvait pas le souffrir. Soit que ce fût par suite de l'antipathie qui existe naturellement entre la toge et les armes, soit que l'humeur douce et un peu frivole du courtisan ne pût s'accrocher en aucun point avec le caractère sombre et méticuleux de l'homme de loi. Il suffisait que monsieur le lieutenant-général apparut dans une discussion pour paralyser aussitôt toute la bonne volonté que Monseigneur avait pu y mettre jusque-là. Il ne le témoignait point, étant trop poli pour contrecarrer personne en face, mais il se faisait dans le silence de son cœur, de solennels sermens d'apathie, et pour l'empire du monde, il n'eût jamais manqué à ces sermens-là.

Aussi le seigneur Guï, en faisant prévenir le lieutenant-général de venir chez le gouverneur avait cru faire un coup de maître et s'était trompé.

Monseigneur se leva gracieusement pour aller à la rencontre du magistrat.

— Eh! bonjour, monsieur, lui dit-il, d'une voix affectueuse, et avec le sourire sur les lèvres; que nous allons être heureux ici d'avoir, pour nous seconder, les conseils de votre expérience!

— Oui, s'écria le Robin d'un air brusque, on m'a dit quelque chose en bas! Votre domestique, seigneur de Chanteclaude, m'a à peu près mis au fait de la question. Il s'agit d'un homme qui, s'il est pris, dansera au bout d'une corde une des plus jolies bourrées que vous puissiez vous imaginer les uns et les autres. Malheureusement, la difficulté est de le prendre.

Pour la première fois de sa vie, monseigneur se trouva d'accord avec le lieutenant-général.

— Je vous le disais bien ! s'écria-t-il.

— Pourquoi ne pourrait-on pas prendre ce misérable comme on prend les autres, demanda le seigneur Gui d'une voix aigre?

— D'abord, on ne prend pas les autres, répondit le lieutenant-général; et il y a plus de méfaits commis que de coquins d'arrêtés. Ensuite, je ne vous cacherai pas que je suis mandé aujourd'hui en toute hâte, par un ordre du parlement, pour appréhender certains huguenots auxquels il sera bon de faire avouer, en leur serrant les pouces, ce qu'ils machinent contre la paix du royaume. Je ne suis venu ici, sur votre invitation, que parce que j'ai l'honneur d'être votre ami, et je m'en retourne. J'ai déjà débouté d'une demande pareille à la vôtre, un de nos gros bourgeois, maître Guillaume Gorgebut.

— Ainsi, s'écria le seigneur de Chanteclaude, je demande justice, et on me la refuse!

— On ne vous la refuse pas, on n'a pas le temps de s'occuper de vous. Eh! monsieur, n'est-il pas raisonnable que les intérêts de l'Etat passent avant ceux des sujets? Vous verrez cette manière là dans tous les vieux auteurs.

— Je me moque des vieux auteurs, et je me ferai justice à moi-même. Je vais mettre tous mes domestiques en campagne et s'y j'attrape, comme je le crois, mon scélérat de sauteur, je le fais brancher sans autre forme de procès.

— Voilà une menace que je vous engage à retirer, s'écria le lieutenant-général en fronçant le sourcil; où en serions-nous, grands dieux! si dans ce beau royaume de France, tandis que monseigneur le gouverneur et moi nous veillons au repos public, des insensés, conduits par cet aveugle besoin de vengeance, que Sénèque a si bien flagellé dans un passage qui m'échappe, allaient attaquer la sûreté publique, couvrir la province de crimes et usurper le plus beau droit de la couronne, le plus imprescriptible, celui qui est le plus inhérent à la personne sacrée du souverain, à savoir le droit de faire pendre ses sujets! Où en serions-nous, grands dieux!

— Monsieur, répondit le seigneur Gui, nous en serions où nous pourrions : et puisque vous êtes un homme savant, vous ne devez pas ignorer, vous, maître Eustache Maillot, qu'au temps où vos pareils cassaient encore des mottes de terre pour nos ancêtres, nous n'avions pas besoin de votre permission ni de celle du roi pour en agir à notre fantaisie ! Le bon temps peut revenir, entendez-vous, Maillot ? et en attendant j'agirai comme il me semblera bon, puisque je ne puis tenir aucun secours de vous.

En prononçant ces paroles, M. de Chanteclaude traversa la salle, ouvrit la porte brusquement et sortit, suivi de l'aubergiste, qui n'avait pas osé regarder une seule fois monseigneur le gouverneur, tant il comprenait bien qu'il s'était perdu pour toujours dans l'esprit de ce potentat, par la manière inconsidérée dont il avait éclaboussé ses bas.

A peine les deux réclamans avaient-ils atteint l'escalier, que maître Eustache Maillot dit précipitamment à Monseigneur :

— Il ne faut pas que ces gens s'éloignent ainsi. Vous avez en bas vos gardes! Il faut les faire arrêter.

— Arrêter? pourquoi faire?

— Pour les mettre en prison! Belle demande! Plus tard, nous verrons ce qu'il conviendra d'en ordonner. Mais il n'est pas de mon devoir et j'ose le dire du vôtre, Monseigneur, de laisser libre un homme qui menace de se faire justice à lui-même, par conséquent de couvrir cette malheureuse contrée des meurtres, de pillages et des discordes de toute espèce, et qui surtout m'a dit des injures. Tout ce que je puis faire pour votre mansuétude naturelle, c'est de laisser en liberté le drôle qui suit M. de Chanteclaude.

— Qui? cet aubergiste? Au contraire! Jetez-le-moi bellement au cachot! Vous me ferez grand plaisir! Un faquin qui m'a complètement manqué de respect!

Fort de cette autorisation, maître Eustache Maillot ouvrit la verrière du salon, et au moment où le seigneur Gui et son aubergiste traversaient la cour, la voix formidable du lieutenant-général prononça ces mots terribles :

— Holà! fainéans d'arquebusiers qui êtes là de garde et qui bâillez aux corneilles, mettez-moi la main sur le collet de ces deux braves gens, et conduisez-les-moi à la geôle incontinent!

— C'est une infamie! s'écria le seigneur Gui en essayant de se débattre entre les mains des soldats.

— Veux-tu bien te taire, criard, lui dit un vieux caporal en lui donnant un coup de pertuisanne dans les jambes.

— J'en écrirai à mon cousin, monseigneur le duc d'Epernon.

— Mettez-lui un bâillon! s'écria maître Eustache qui paraissait prendre à cette scène un vif plaisir.

— Scélérat, continuait de crier le vieux Gui en s'efforçant de repousser le bâillon; scélérats, assassins! vous répondrez à mon cousin de votre conduite, vous serez tous roués et écartelés! Ouf!

Il murmurait encore sourdement; mais il ne criait plus, et pour cause. L'aubergiste voyant la mauvaise destinée de son maître, avait pris le sage parti de ne rien dire et de se laisser faire. Aussi quand on eut réduit le seigneur de Chanteclaude au silence, et que le caporal eut demandé :

— Et celui-là, faut-il le bâillonner aussi? Il ne dit rien!

— Peuch! dit maître Eustache Maillot, contentez-vous de le mener en prison. A moins toutefois (ajouta-t-il en se retournant avec courtoisie) que monseigneur ne veuille qu'il soit bâillonné?

Monseigneur méditait en se chauffant les mains. Il secoua la tête.

— Non, dit-il, c'est un grand malotru, mais ne le bâillonnez pas.

Le lieutenant-général resta à la fenêtre aussi long-temps que les deux prisonniers furent en vue. Mais lorsqu'un piquet d'arquebusiers les eut emmenés, il ferma la croisée et vint s'asseoir auprès du gouverneur, de l'air d'un homme qui a d'importantes confidences à faire.

— Monsieur, lui dit le comte sans le regarder, ne croyez-vous pas que vous avez agi un peu bien vivement dans cette circonstance? Après tout, ce M. de Chanteclaude est bien réellement parent de monsieur le duc d'Épernon.

— Monseigneur, répondit maître Eustache Maillot, monseigneur, nous sommes dans une admirable passe. Je crois que je viens de découvrir une conspiration des mieux caractérisées. Je ne sais pas si nous pourrons lui donner le nom de soulèvement huguenot; ou bien si les politiques, ou encore si les amis de M. de Guise y sont pour quelque chose; mais il est certain que Melun va avoir la bonne fortune d'un superbe procès criminel, et vous sentez que, dans un moment comme celui-ci, ce n'est pas d'un homme de plus ou de moins que nous pourrons faire arrêter, que l'on viendra nous demander compte.

— Vous pouvez avoir raison, répondit

monseigneur d'une voix dolente; mais voici la paix de ce pauvre pays tout-à-fait troublée! Il va falloir que je monte à cheval.

— A coup sûr, et que la cour entende parler de votre zèle.

— Êtes-vous bien sûr du moins que vous ne vous trompez pas dans votre conspiration et que vous n'allez pas sur les brisées de quelque affaire politique arrangée par la cour même? De notre temps, ces choses-là se voient.

— Non! non! répondit maître Maillot. On sait, grâces au ciel, ce que l'on fait! On a pris ses précautions et personne ne sera offensé! Nous aurons de belles petites enquêtes, de beaux petits interrogatoires avec torture ordinaire et extraordinaire. Vous verrez que nous allons passer des journées délicieuses.

— Ne pouvez-vous, monsieur, me raconter au moins ce qui vous a mis sur les traces de la conspiration et ce que vous en savez?.

— Non, je ne puis vous le raconter encore, attendu que je ne suis pas très-sûr de la manière dont je vais emmancher cette affaire-là. Je vais même vous quitter à l'instant pour aller ordonner les arrestations. Du reste, dans ce moment-ci, ne vous gênez pas, monseigneur. Si vous avez quelqu'un qui vous gêne ou à qui vous vouliez infliger une punition quelconque, rien n'est facile comme de l'envoyer au cachot. Quant à moi, vous me rendrez même service, car plus j'aurai de prisonniers, plus ma conspiration sera belle, et plus mon zèle pour le roi éclatera ! Ma foi, je suis dans un heureux jour !

— Il va falloir que je monte à cheval, dit monseigneur avec un gros soupir. Vous auriez bien dû ne pas inventer ce tripotage-là.

Maître Eustache sourit comme on sourit au raisonnement d'un enfant, et prenant congé par un profond salut, il s'en alla, le cœur léger, car la joie donne des ailes au cœur, et il se dirigea d'un bon pas vers sa maison, où il convoqua les suppôts et arrière suppôts de sa justice.

Nous ne commettrons pas l'indiscrétion de nous introduire dans ce sénat; non pas que je me pique de respecter les secrets d'un faquin qui me doit tout; mais c'est que pourrons bien ne pas nous amuser infiniment dans cette société choisie d'oiseaux de proie, et qu'il sera toujours assez tôt d'y recourir lorsque les événemens de cette histoire nous y porteront forcément. Revenons à monseigneur qui médite sur les tristes événemens prêts à fondre sur sa nonchalance.

Il ne resta pas plus d'une demi-heure à se chauffer mélancoliquement les pieds avant que Madame la comtesse ne rentrât.

— Eh bien! lui dit-elle, avez-vous fait courir après le ravisseur de l'enfant?

— Il s'agit bien d'un enfant! répondit-il sans lever la tête. On voit bien que vous n'êtes pas au fait de ce qui se passe. Il y a d'abord cinq enfans d'enlevés, et non pas un, ce qui est bien différent! Je ne compte pas le chapeau et le manteau de maître Brillache! plus, le seigneur Gui de Chanteclaude est en prison! plus, il y a, dit maître Eustache Maillot, une grande conspiration de découverte!

— Que voulez-vous dire? s'écria la comtesse avec une vivacité marquée; on a découvert une conspiration!

— Il paraît! continua monseigneur tranquillement; il va falloir que je mette ma cuirasse et que je coure les champs!

— Non ferez! s'écria encore la comtesse; maître Eustache est un sot, et je vous empêcherai bien de suivre ses traces. Envoyez-le arrêter!

La stupéfaction de monseigneur fut complète.

— Vous voulez que je fasse arrêter le lieutenant-général.

— Sans doute, répondit la dame.

— Quelle journée! quelle journée! s'écria monseigneur en levant les bras au ciel.

XI.

Les difficultés augmentent; mais ce n'est plus monseigneur qui en souffre.

Lorsqu'il fut un peu remis de la première émotion de sa surprise, monseigneur se tourna vers sa femme pour lui soumettre respectueusement quelques questions, et il vit que madame la comtesse était absorbée dans des pensées qui semblaient sérieuses. Elle regardait le feu en fronçant le sourcil, et à la voir seulement, on eût bien connu qu'elle roulait dans son esprit d'importantes idées; mais monseigneur n'avait pas besoin de deviner à ce sujet : il venait d'être averti, et il ne lui restait plus qu'à savoir ce dont il s'agissait.

Il toussa quelque peu, madame la comtesse n'y prit point garde; alors il s'enhardit, et la tirant doucement par la manche, il lui dit avec le sourire le plus gracieux :

— Eh bien! ma mignonne, vous voulez donc bien décidément que j'arrête M. le lieutenant-général.

— Sans doute, répondit-elle, et la chose devrait déjà être faite. Nous perdons un temps... Ah! grand Dieu, que nous perdons de temps. Remuez-vous donc, monsieur le comte, et allez donner les ordres nécessaires, je vous prie.

— Mais encore, ma mignonne, est-il bon que je sache pourquoi vous voulez me faire commettre cette énormité? Vous comprendrez sans peine que le gouverneur de Melun ne peut pas donner des ordres dont il ignore lui-même la portée et le but.

— Je vais vous mettre au fait en deux mots. Vous savez qui vous a fait obtenir le poste important que vous occupez?

— Sans doute; c'est Sa Majesté la reine Catherine, qui, en souvenir de mes bons services aux armées d'Italie, et pour récompenser mon inviolable attachement à la royale personne de.....

La comtesse leva les épaules.

— Vous n'y êtes pas, dit-elle; sa majesté vous a nommé gouverneur de Melun, simplement pour avoir ici un homme à elle et sur lequel elle pût compter. Allez faire arrêter le lieutenant-général.

— Un moment encore, je vous en conjure. Dites-moi du moins comment il se fait que la reine ne m'ait jamais donné d'instructions particulières?

— Parce qu'elle me les avait remises à moi, et que c'est moi qui, aujourd'hui, suis chargée d'agir pour son service. Allez donc faire ce que je vous ai dit!

— Ah! mon Dieu, mais savez-vous bien que je risque d'être mis en jugement comme rebelle ou conspirateur, si vous me faites me tromper. Avez-vous bien compris les ordres de madame Catherine?

— Monsieur le comte, pour la dernière fois, je vous prie de vous rendre à mes désirs.

— J'y cours, madame, et si nous nous trompons, vous en ordonnant, moi en obéissant, souvenez-vous bien de ce que je vous dis : Nous sommes perdus l'un et l'autre!

La comtesse leva les épaules, et monseigneur, comprenant à cette réponse muette qu'il n'y avait pas à espérer de faire fléchir une volonté qui d'ailleurs pliait rarement devant la sienne, se décida enfin à sortir et à aller donner des ordres qui, prévoyait-il, devaient finir par tourner contre lui.

Tout en descendant l'escalier, il ne pouvait s'empêcher de contempler avec effroi sa malheureuse destinée. Jusque-là, le gouverneur de Melun avait été peut-être l'homme d'État le plus heureux de la France entière; nul souci, nul soin trop lourd, pas l'ombre d'une occupation ne venait en un mois troubler sa quiétude. Il gardait, à la vérité, une ville fortifiée, mais il laissait tomber les remparts en ruines; il avait une garnison, mais il ne la passait jamais en revue; il commandait à la noblesse, mais il ne lui ordonnait jamais autre chose que d'assister aux fêtes assez belles qu'il donnait fréquemment dans son hôtel. Quel sort plus heureux aurait-on pu rencontrer? Il était au mieux avec les bourgeois, et il lutinait les jolies bourgeoises; toute sa journée n'était qu'un long enchaînement de *far niente* et de petits plaisirs, et le soir, il se couchait en se disant avec un attendrissement bien supérieur à l'orgueil de Titus : Aujourd'hui je n'ai pensé à rien !

Et tout ce bonheur s'en allait à vau-l'eau ! D'une part une conspiration que maître Maillot voulait réprimer; d'autre part, maître Maillot, que la comtesse voulait voir en prison; puis le seigneur de Chanteclaude, qui y était déjà, et par-dessus tout cela, peut-être, un danger plus grand encore, un saltimbanque qui avait déjà enlevé cinq enfans, un manteau et un chapeau, et qui très-probablement continuerait le cours de ses excès, puisqu'on n'avait aucun moyen de l'en empêcher.

Le saltimbanque était, du reste, cause de tout. Monseigneur n'en doutait pas, et il allait jusqu'à croire que la conspiration devait être l'œuvre de ce terrible scélérat; mais, en ce cas, madame la comtesse était donc d'accord avec lui? C'était à n'y rien comprendre.

Monseigneur s'y perdait, et dans cette affreuse position, il comprit encore mieux qu'il ne pouvait rien faire de plus convenable que d'obéir fidèlement et aveuglément aux ordres de sa femme. Il se rendit dans le corps-de-garde.

— Holà, sergent! s'écria-t-il.

— Monseigneur, me voici.

— Prends avec toi une douzaine d'arquebusiers et va-t-en m'arrêter tout de ce pas maître Eustache Maillot, lieutenant-général de ce baillage.

Le sergent fit un geste de surprise, mais qui fut aussitôt réprimé, attendu qu'un soldat ne doit s'étonner de rien.

— Suffit, monseigneur, on y va; mais il n'y a pas besoin de courir au diable pour arrêter maître Maillot : le voici qui tourne la rue avec bonne escorte.

En effet, le lieutenant-général, suivi de nombreux estafiers, conduisait lui-même à la prison de la ville une vingtaine de gens de toutes conditions, sur lesquels il avait déjà mis la main.

Nous avons déjà eu occasion de connaître les doctrines de ce grand magistrat; il était d'avis que, dans le premier moment d'une bagarre judiciaire, on ne pouvait arrêter trop de monde : seigneurs, dames, moines, curés, manans, gueux, jusqu'à leurs chiens, tout lui était bon; des prisons encombrées donnaient une bonne physionomie au commencement d'une affaire, et si, après quelques mois passés, on venait à découvrir que beaucoup de bruit avait été fait pour rien, on était sûr, en ayant eu soin toutefois de ne vexer que des faibles, et de ne mettre à la torture que les gens sans crédit, de s'en tirer avec la réputation de grand serviteur de ses maîtres et de jugeur impitoyable, qualité qui ne déplaît jamais aux potentats.

Maître Maillot, ce grand chasseur, s'avançait donc majestueusement dans les rues de Melun, suivi de sa meute et conduisant son gibier. Il avait l'œil émérillonné par la joie, et n'eût certes pas changé sa position pour les honneurs d'Alexandre-le-Grand entrant à Babylone.

Ce fut ce moment de triomphe que la fortune, toujours méchante railleuse, choisit pour rappeler à maître Maillot la fragilité des félicités humaines.

De l'hôtel du gouverneur, il vit sortir le sergent avec ses huit arquebusiers. Il n'y prit pas garde d'abord; puis quand il vit que l'escouade se dirigeait de son côté, il s'imagina que le comte de Tranchille lui envoyait gracieusement un renfort pour conduire ses captifs et avoir occasion d'usurper une partie de son illustre exploit.

Il se préparait donc à répondre aux offres de l'autorité militaire par un grand refus, quand le sergent l'aborda d'une manière bien différente à ce qu'il attendait :

— Au nom du roi! dit le militaire.

— Eh bien? répondit l'homme de loi.

— Je vous arrête et sans façon! suivez-nous en prison!

— Moi! s'écria maître Eustache.

— Vous-même! au nom de monseigneur

le gouverneur, si le nom du roi ne vous suffit pas. Au cas où vous voudriez faire résistance, je vous prie de considérer que mes huit drôles mangeront sans sourciller cette douzaine de maigres coquins dont vous entourez vos prisonniers!

— Allons, je me rends, répondit maître Eustache avec un soupir, mais certainement il y a méprise.

— Cela ne me regarde pas, répondit le sergent. Une fois que je vous aurai coffré, vous deviendrez ce que vous voudrez, je n'en tourne pas la main. Un robin pendu, un de revenu, le monde ne chômera pas faute de juges.

Maître Eustache n'était pas le seul à être stupéfait : ses gardes affligés qui imitaient son silence, n'étaient guères moins abattus que lui, et les prisonniers voyant que leur tyran était opprimé à son tour, crurent unanimement qu'on allait leur rendre la liberté, et se mirent à crier tous d'une voix, en manière de remercîmens anticipés :

— Vive monseigneur le gouverneur! vive monsieur le sergent!

— Merci, mes amis, merci, répondit l'homme de guerre. Mais vous irez en prison comme si de rien n'était, attendu que je n'ai pas reçu d'ordres à votre égard. Dans le doute, abstiens-toi, a dit le sage, je m'abstiens de vous délivrer.

Et preneurs et pris, le judicieux sergent poussa tout le monde vers la geôle; il les y empaqueta, tant bien que mal, et se fit un malin plaisir d'enfermer les estafiers avec leurs victimes. On sait que les gardes de Mars n'ont jamais été fort aimables pour les gardes de Thémis.

Pendant que ce coup-d'état jetait la stupeur dans Melun, monseigneur le gouverneur, son conseil-privé entendu, c'est-à-dire sur l'ordre de sa femme, expédia des courriers à droite et à gauche dans le pays, et eut la discrétion de ne pas même lire les lettres que ces courriers étaient chargés par lui de porter. A toutes les questions qu'il avait pu faire, une unique réponse avait suffi :

— La reine Catherine ne veut pas qu'une autre personne que moi soit instruite de ce qui se passe et doit se passer.

De sorte qu'après avoir donné des ordres en son propre et privé nom pour exécuter des choses qu'il ne savait pas, monseigneur prit le sage parti d'aller se coucher, fort accablé, fort malheureux, et craignant bien que l'avenir ne fût pas plus gai que le présent.

La comtesse ne crut pas devoir imiter son mari. En général, les deux époux ne marchaient pas dans les mêmes sentiers, mais en cette circonstance ce n'était que de raison.

Monseigneur était à peine couché depuis une demi-heure, qu'à l'hôtel arriva un courrier suivi de deux valets, qui paraissait très-empressé de parler à Madame la comtesse.

On l'introduisit dans le salon où le véritable gouverneur de Melun était encore dans son fauteuil, lisant de mystérieuses correspondances et méditant sur leur contenu.

Quand le messager entra, la comtesse poussa un cri de surprise :

— Quoi! c'est vous! lui dit-elle.

— C'est moi, répondit-il avec sang-froid et d'un air dégagé, moi-même, Briscambille, le fou de notre chère maîtresse, madame Catherine. Qu'y a-t-il qui vous étonne, ma chère dame?

— Je m'attendais, répondit la comtesse, à ce que la reine m'envoyât quelque personnage un peu grave, pour traiter des affaires importantes qu'elle a daigné me confier.

— Et quel personnage plus grave que moi eût-elle pu choisir? répondit avec aplomb le seigneur Briscambille. Pour une personne aussi sagace que vous, belle comtesse, voilà une méprise des plus singulières! Et depuis quand un fou de cour n'est-il plus un homme de choix, un négociateur d'élite auquel le souverain confie plus volontiers ses secrètes pensées qu'aux sots mélancoliques dont il est obligé, par respect humain, de faire sa compagnie pendant une trop grande partie du jour? Un fou n'a pas d'ambition, est content de son poste, ne couche pas en joue la direction suprême des affaires, et se contente, en manière de récompense, d'une double solde de tartelettes. Un fou est fidèle, un fou est discret, et d'ailleurs s'il ne l'était pas, il risquerait, au lieu de trouver créance à ses dires, de rencontrer quelque bonne venue d'étrivières. Ah! comtesse, si j'étais monarque, je voudrais ne m'entourer que de fous, en remplir mon conseil, ma cour et ma maison, et ne prendre avis que d'eux.

— Trêve de sornettes, répondit la comtesse impatientée ; rendez-moi vos dépêches et finissons-en.

Briscambille prit un air réfléchi, mit la main dans sa pochette, y chercha quelque temps et en tira une petite marotte en argent, garnie de grelots, qu'il se mit à agiter vivement.

La comtesse fronça le sourcil.

— Décidément, dit-elle avec humeur, je

ne pourrai rien obtenir de vous qui ait le sens commun.

— C'est votre demande, belle dame, s'écria en riant Briscambille, qui n'a pas le sens commun! et j'ai voulu vous montrer du premier coup, par une image frappante, combien vous raisonnez mal. Vous me demandez une dépêche? et depuis quand Madame Catherine, notre gracieuse maîtresse, a-t-elle l'usage d'expliquer clairement ce qu'elle veut, et surtout de laisser des traces de ses petites menées? Madame la comtesse, le beau nom de Briscambille vous appartient bien plus légitimement qu'à moi.

L'impatience de la comtesse était au comble.

— Allons, lui dit-elle, si c'est possible, devenez sérieux, et racontez-moi ce que vous avez à me dire.

— Devenir sérieux, répondit Briscambille, vous m'en demandez trop; mais je vais vous raconter le plus gravement possible les bouffonneries dont on m'a chargé pour vous. D'abord, avez-vous organisé votre petite conspiration ?

— Oui, et tout le monde est prêt quand je donnerai le signal. Une grande moitié de la noblesse de la province va demander la destruction des prêches et l'abolition des droits concédés aux protestans. Tout le monde est prêt, et quand la reine voudra que je donne le signal, nous aurons ici de bons petits troubles.

— Ah bon ! dit Briscambille d'un air narquois; la moitié de la noblesse de la province est prête à demander la ruine des huguenots ?

— Eh oui ! puisque madame Catherine m'a ordonné d'arranger les choses ainsi !

— C'est pour cela, reprit Briscambille,

qu'elle vous ordonne d'en agir aujourd'hui autrement : il faut que vous favorisiez messieurs de la religion réformée, et qu'on demande universellement la tête des princes Lorrains. Comprenez-vous?

— Très-mal?

— C'est cependant clair.

— Nous ne sommes pas des tontons, pour tourner ainsi à droite et à gauche!

— Bah! vous ne connaissez pas davantage la profonde politique de notre maîtresse! Vous n'êtes guères digne de la servir. A votre place, je ne sourcillerais pas; je me mettrais sur-le-champ à faire ce que j'ai condamné, à condamner ce que j'ai fait, et cela avec la certitude qu'avant huit jours, il y a des chances pour que le vent souffle d'un autre côté.

— N'importe, dit la comtesse, je suis bien découragée; je mè suis donné, depuis huit mois, un mal que je ne puis dire, pour en arriver où j'en suis, et à peine je touche au succès, il faut que je renonce à tout!

— C'est là le beau de la politique, répliqua Briscambille, trois pas en avant, quatre en arrière et huit de côté? Dieu, la belle chose! Mais sans retard occupez-vous maintenant de notre affaire. Il faut que, dans trois mois, toute la France soit furieuse contre les guisards. Qu'elle les haïsse mortellement, qu'elle les considère comme mauvais catholiques et plus noirs que le diable. Je vais un peu vous instruire de ce que nous avons à dire pour parvenir à ce but.

— C'est pitoyable, dit amèrement Mme de Tranchille, je ne m'habitue pas à abandonner ainsi les beaux préparatifs que j'avais faits. Mais, enfin, parlez, je tâcherai de faire de mon mieux

— Allons, voici une parole raisonnable,

nous allons nous comprendre enfin. Prêtez-moi quelque attention, je vous prie, et vous allez être au fait dans un instant.

Après ce préambule, Briscambille s'enfonça dans son fauteuil (car le faquin s'était mis dans un fauteuil sans nul respect), poussa ses pieds tout droit jusque dans le feu, croisa ses bras sur sa poitrine; bâilla, ferma les yeux comme un homme qui s'endort, et commença son grave discours en ces termes :

— Sachez, belle dame, que le roi Henri III, souverain de France et de Pologne, que nous considérons généralement comme un monarque d'autant plus grand que c'est le nôtre, ne pourrait raisonnablement penser à gouverner ses peuples, si, dans cette grande tâche, il n'avait l'aide de Madame sa mère, de messieurs de Lorraine, de monsieur le roi de Navarre, de messieurs ses favoris qui sont une douzaine, de monsieur Sibilot, mon camarade, son fou d'office, de messieurs les petits chiens de son cabinet et de messieurs les perroquets de sa chambre! Voici le tableau du gouvernement.

— Quelle patience, pensait la comtesse, pour laisser parler ce bouffon! Mais puisque la reine me l'a dépêché, il faut bien que je le supporte!

— Or, continua Briscambille d'un ton nasillard, ce ne sont point les perroquets qui m'envoient vers vous, ni messieurs les petits chiens, ni monsieur Sibilot, ni messieurs les mignons, ni les Lorrains, ni le roi de Navarre, c'est Mme Catherine, qui, en ce moment, a toute la confiance de Sa Majesté très-chrétienne. Combien ce bon temps va-t-il durer? je ne saurais vous le dire au juste; il suffit que vous sachiez que nous voulons nous maintenir au pouvoir par tous les moyens que nous saurons. Ainsi, depuis deux jours que le Roi, ennuyé du conseil des autres, et ne sachant plus à quel saint se vouer, est venu nous demander les nôtres, nous remuons tous les petits fils possibles pour mettre en activité les pantins de notre juridiction, et le nombre n'en est pas petit. Il faut à toute force que nous réussissions à éloigner les Lorrains; ces Lorrains nous gênent. Ils nous sont odieux, ces Lorrains! Nous préférons l'odeur d'ail de M. de Béarn; c'est moins malsain que les parfums de ces messieurs de Guise. A cette fin, nous voulons diminuer le nombre de leurs partisans, augmenter la force de leurs adversaires, et maintenir ensuite la puissance desdits adversaires par d'autres ressorts souterrains que nous nous réservons de faire jouer quand le moment en sera venu.

Je voudrais, Dieu me damne! que M. Sibilot m'entendît raisonner ainsi sur les grandes affaires, je suis sûr qu'il m'en estimerait davantage !

— Enfin, madame la comtesse, m'avez-vous bien entendu ? Avez-vous bien compris ce que nous attendons de vous, les raisons qui nous portent à agir, les hautes nécessités du moment?

— Je tâcherai de faire de mon mieux, répondit la comtesse.

— Allons, c'est bien, répondit Briscambille d'un air protecteur; maintenant, je vais aller me coucher.

XII.

Belavoir a décidément trop de penchant à l'exaltation.

Tandis que la ville de Melun était livrée à tant d'agitations de différens genres et parties de points si éloignés, les unes causées par Belavoir, les autres par la reine Catherine de Médicis, notre ami Nicolas et ses protégés, Louis et Charlotte de la Mothe-Baranne poursuivaient paisiblement, mais non sans toutes les émotions du danger, leur voyage vers Blois.

On comprend sans peine qu'au milieu des grandes occupations qui lui étaient données, Madame la comtesse de Tranchille avait tout à fait oublié de stimuler le zèle de son mari quant à la poursuite du saltimbanque, et que, de son côté, monseigneur s'était bien gardé d'ordonner rien de son chef. S'il avait eu quelque commandement à donner, c'eût été, sans nul doute, de mettre dehors maître Eustache Maillot, dont il craignait les tracasseries; mais il n'avait qu'à opter entre l'inaction et les avis déjà formulés de son épouse; il préféra l'inaction.

Louis, qui en était à ses premières armes, en fait de vagabondage, était parfaitement heureux; Charlotte, à qui, chemin faisant, maître Nicolas, toujours aimable et attentif, avait acheté un joli cheval, allait aux côtés de son frère, toute énorgueillie d'être sous la protection d'un aussi joli cavalier; et maître Nicolas, les traits revêtus d'un vernis pédant, chevauchait sur son courtaud, à deux ou trois pas du jeune couple.

Certes, dans aucun roman de chevalerie, on n'a pu voir rien de plus agréable que cette cavalcade, et Amadis de Gaule ou Esplandian s'en allant en aventures, avec leurs dames et leurs écuyers, n'avaient pas meilleur air. Il est bon d'ajouter aussi que le paysage ne cédait pas même en agrémens aux plus belles inventions des poètes et des romanciers. Pour bien montrer que je n'exagère pas, je n'ai qu'à rappeler au lecteur que nos personnages étaient entrés en Touraine, et suivaient les rives de la Loire d'assez près.

Tantôt ils traversaient de belles campagnes, tantôt d'épaisses forêts. On était en hiver, à la vérité, et la nature était loin de se montrer sous son plus bel aspect; mais il n'importe, la configuration générale du pays donnait déjà du plaisir aux yeux, le temps était devenu magnifique, le froid avait un peu relâché de son intensité et nos aventureux compagnons se trouvaient encadrés, eux, leurs joyeux rires, leur constante bonne humeur et leur brillante allure, au milieu d'un paysage qui, malgré ses teintes d'hiver, n'avait pas trop de rigidité.

On marcha deux jours sans trouver rien sur la route qui méritât d'attirer l'attention. Le soir, on avait soin de se loger dans de bonnes auberges, on soupait bien et on s'endormait avec toute la facilité que donne la jeunesse pour ne se réveiller qu'à l'aide de

Nicolas, lequel avait toujours quelque peine à obtenir que la jeune fille consentît à se lever. Régulièrement tous les matins, il carillonnait à sa porte et s'épuisait en supplications pour qu'elle se hâtât. Comme la rusée avait compris bien vite qu'il existait dans l'âme de Belavoir un sentiment de grande condescendance pour elle, elle en usait.

C'était un de ces voyages comme on n'en fait qu'un dans la vie, heureux encore quand on le fait! où pas un dissentiment n'existe entre les compagnons, où chacun jurerait l'un pour l'autre, donnerait sa tête pour le bonheur public! Enfin tout le monde était heureux à sa façon.

Charlotte modestement; elle ne fesait pas grand bruit et riait beaucoup, mais pas très fort; elle était fort curieuse, cependant et donnait toujours un avis affirmatif quand il s'agissait d'aller reconnaître quelqu'objet qui paraissait au loin. Mais dans les hôtelleries, elle reprenait sa gravité et ne permettait pas à l'hôte ni aux voyageurs qui pouvaient se trouver là de rencontre, de la prendre pour une demoiselle errante, ce que les airs évaporés de monsieur son frère auraient aisément pu causer.

Louis ne songeait déjà plus à sa lamentable histoire, il ne s'était certainement pas rappelé une seule fois son beau-père et le cousin de Cornisse depuis qu'il avait quitté la ferme de Berniquet. Avec son argent en poche et la grande route devant lui, il n'aurait pas donné son destin pour celui du prêtre Jean des Indes; le roi, comme on dit, n'était pas son cousin.

Il faisait grand bruit dans les auberges, s'efforçait de boire sec, et aurait volontiers agacé les servantes, si maître Nicolas n'avait interposé plusieurs fois son autorité verbeuse. Louis, à la vérité, avait commencé par des révoltes; mais à l'observation qu'en se conduisant ainsi il exposait sa sœur à être mal jugée, il n'avait rien trouvé à répondre, et se montrait sensible à cet argument en contenant autant que possible sa pétulance naturelle.

Quant à Belavoir, oh! quant à Belavoir, qu'on se figure un petit paradis portatif, garni de toutes ses somptuosités, commodités, agrémens et douceurs, construit autour d'un faible mortel et le suivant en tout lieu, et l'on aura une faible idée de la félicité dont il jouit.

Peut-on s'imaginer ce que c'est, pour un malheureux qui a passé sa vie à manquer de tout, que d'en arriver à ne plus manquer de rien, à avoir tout à commandement? Peut-on comprendre ce que peut être, pour un pauvre diable accoutumé aux injures et aux rebuffades, la conversation constante et même la déférence d'un joli garçon et d'une charmante fille qui pensent lui avoir les plus grandes obligations, et qui cherchent de toute manière à lui témoigner leur reconnaissance? Enfin, Belavoir, Nicolas Belavoir, un saltimbanque, un chanteur des rues, parvenu au poste éminent de gouverneur de monsieur le baron de La Mothe-Baranne, était trop nerveux pour ne pas se sentir dans un état de béatitude dont l'humanité n'a pas le secret.

Je ne veux rien cacher, j'arrive ici à un point bien délicat de cette histoire trop véritable. Je vais faire décheoir Nicolas dans l'opinion des personnes qui auront bien voulu accorder quelqu'indulgence à ce terrible voleur d'enfans; mais la sincérité avant tout; avouons-le, Belavoir avait un cœur.

Ce cœur n'avait encore palpité que pour les volailles du rôtisseur ou les bouteilles du marchand de vin, il osa battre pour... Cet aveu fatal est trop douloureux, je ne puis me décider à le faire.

Je vois bien qu'on va prendre mon pauvre ami Nicolas pour un communiste ou un jacobin du xvi® siècle; qu'on se figurera soudain que la pensée audacieuse de ce sauteur méprise l'intervalle immense qui le sépare de Mademoiselle de La Mothe-Baranne. On va croire qu'à quelques chapitres de celui-ci, Nicolas Belavoir va apparaître sur la cime d'un rocher, enveloppé d'un manteau noir, sondant des yeux l'abîme où il ne doit pas se jeter, ses cheveux rouges couverts d'une toque à longues plumes d'aigles, et livrant aux vents des discours séditieux sur Dieu, l'homme, la femme, la nature, la société, et l'organisation du travail, comme tout prolétaire se croit en droit de le risquer sous prétexte d'amour, car, pauvre amour, autrefois on t'appelait folie, et maintenant on fait de toi le point de départ de mille folies qui ne sont ni tendres ni gaies !

Rassurez-vous, lecteur, Belavoir peut être amoureux, il n'en restera pas moins homme de sens; je ne m'engage pas, il est vrai, à vous promettre qu'il ne fera point de sottises comme celles qu'on fesait dans le vieux temps; ainsi il se frappera la poitrine, il roulera les yeux, il se donnera des tapes contre les murs, il gémira; oui, Belavoir pourra faire tout cela; mais je m'engage d'avance pour lui, et je vous assure qu'il ne prononcera aucune maxime destinée à renverser l'Etat, ce qui dans mon opinion ne pourrait faire ni bien ni mal à la réussite de ses sentimens.

Nicolas, après tout, n'était pas ce qu'on appelle généralement amoureux. Il ne se rendait aucun compte de l'attrait qu'il éprouvait pour Charlotte ; penser à une séduction, cette idée était à cent lieues de lui entrer dans la tête ; il se laissa aller bonnement au charme qu'il éprouvait auprès de la jeune personne et il ne croyait nullement être différent de ce qu'il était huit jours en ça. Il pensait éprouver la puissance qu'une jeune fille noble répandait naturellement autour d'elle, et croyait que chacun ressentait comme lui ce certain enivrement dont il n'était pas maître.

En faire l'aveu, le laisser même deviner, lui eût semblé la plus monstrueuse outrecuidance dont il eût pu se rendre coupable et il n'avait pas tort. Il n'y pensait donc pas autrement qu'à une sainte de bois dont il eût admiré les contours et se contentait de se tenir prêt à tout hasard à se faire casser les os pour l'objet de son absolu dévouement.

Voilà où en était le cœur de maître Nicolas au deuxième jour de leur voyage, en comptant l'hégire à dater du moment où ils avaient quitté la ferme de Berniquet.

Ce jour-là, ils s'arrêtèrent d'assez bonne heure dans une petite hôtellerie isolée, où ils résolurent de demeurer jusqu'au lendemain matin, et il leur arriva en ce lieu la seule aventure qui ait marqué dans leur voyage. Je la raconterai non-seulement à ce titre, mais encore parce qu'elle tient au fond même de notre histoire.

— Allons, mon brave homme, dit en arrivant Belavoir à l'hôtellier, écoutez-moi bien et retenez mes paroles !

— Oui, monsieur, répondit le digne homme enluminé, je vous écoute !

—Deux chambres, trois chambres même, et trois lits, convenablement douillets... En avez-vous de tels?

— Oui, monsieur; le grand prince qui vient de quitter la maison, il y a une heure, m'en a fait faire compliment.

— Si un grand prince les a trouvés bons, nous ne serons pas plus difficiles, n'est-il pas vrai, mademoiselle?

— Non certes, répondit Charlotte.

— Plus un souper suffisant, vous m'entendez? Vous comprenez ce que j'entends par ces paroles : un souper suffisant? à savoir : un bon potage, une poularde bien rôtie ou une oie, un jambon, de la salade, plusieurs autres délicatesses et du vin de premier choix. Vous en avez, j'espère?

— Monsieur, le grand prince qui vient de partir, il y a une heure, m'a fait dire que mon vin du Vendômois l'avait charmé.

— Qu'est-ce que c'est, demanda Charlotte, que ce grand prince ?

— Mademoiselle, dit l'aubergiste, c'est un étranger; j'ai demandé son nom, on me l'a dit; mais je n'ai pas pu le retenir, tant il est long et extraordinaire. Il suffit de savoir qu'il est extraordinairement riche, comme me l'ont assuré MM. ses domestiques, mais il a une femme très-malade et un intendant qui est bien le plus grand malotru...

— Hein, s'écria Belavoir, un intendant! que parlez-vous d'intendant ?

— Je parle, monsieur, continua l'aubergiste, de l'intendant de ce grand prince qui m'a indignement rogné ma dépense. Heureusement que par instinct j'avais un peu enflé mon mémoire, car je n'ai pas perdu beaucoup; mais, par la faute de cet harpagon, j'ai bien moins gagné que je n'aurais dû.....

— Ah! que je le reconnais bien là! s'écria Belavoir, c'est lui, je ne crains pas de le déclarer, c'est mon scélérat, c'est mon assassin d'enfant!

— Que veux-tu dire, Nicolas? demanda Louis. Tu cries comme un énergumène, toutes les servantes de la maison se sont mises aux fenêtres. Est-ce que tu deviens fou?

— Oui! répondit Belavoir, je deviens fou quand je vois le crime triomphant et la vertu persécutée. Oui, je deviens fou quand je pense à ce scélérat de majordome qui a assassiné un enfant, qui m'a volé une grosse fortune, qui a été fort insolent et qui m'a donné des gourmades que je lui ai du reste bien rendues. En avant! chrétiens et vous pères de famille, s'il en existe ici, venez venger le sang innocent répandu par des monstres! En avant, en avant!

Belavoir courut à son cheval qu'un valet

d'écurie emmenait, sauta en selle, et, tirant sa dague, il partit à fond de train.

Pendant une seconde, tous les spectateurs de cette scène restèrent muets et frappés de stupeur. On voyait au loin Belavoir galopant comme un désespéré, et personne ne bougeait, personne n'avait l'air de songer le moins du monde à le soutenir dans son entreprise.

Le fait était que les pères de famille de la réunion préféraient de beaucoup se réserver pour le soutien de leur propre famille, que de venger les outrages faits à un de leurs pareils, et que Louis de La Mothe-Baranne ne comprenait rien à l'incartade de son gouverneur et ne savait à quoi aviser.

Ce fut Charlotte qui la première prit la parole :

— Quoi! mon frère, s'écria-t-elle, allez-vous laisser ainsi le pauvre Belavoir qui nous est si dévoué, se livrer à un acte de folie qui peut lui tourner à mal? Ne voyez-vous pas qu'il brandit sa dague et qu'il court comme un insensé! S'il lui arrive malheur, n'aurez-vous donc aucun remords de ne l'avoir pas secouru?

— Tu as, ma foi, raison, corps diable! répartit le jeune homme. Holà! qu'on me rende mon cheval. Aubergiste, je te confie ma sœur, aies-en bien soin, tu m'en réponds sur ta tête, je cours après mon pauvre diable de gouverneur qui perd l'esprit, et je le ramène.

— Mon frère, empêchez qu'il n'arrive malheur.

— Monsieur, je vous préviens que le grand prince a une suite fort nombreuse, et composée de gaillards avec lesquels il ne ferait pas bon plaisanter.

— Ce pauvre gouverneur, dit une jeune

servante, il va se faire rouer de coups........
Monsieur, laissez-le aller tout seul, puisqu'il le veut ainsi, et ne vons exposez pas; vous êtes si gentil !

— Allons, maroufles, mon cheval, mon cheval, coquin ! Le pauvre Belavoir est déjà presque hors de vue; il faut que j'aille rendre à cet étourdi la morale qn'il me fait si mal à propos du matin au soir et du soir au matin. Allons, resserrez-moi cette sangle. Adieu, ma sœur, ne te désole pas! je le rattrape et le ramène. En route !

Louis enfonça les éperons dans le ventre de son cheval et partit comme s'il chevauchait sur un éclair. En moins d'une minute les habitans de l'auberge le virent à une distance considérable, et ils pensèrent qu'il ne tarderait pas à avoir rattrappé Nicolas. Mais ils se trompaient; Nicolas n'était pas facile à rejoindre.

Si le baron était bien monté, le saltimbanque ne l'était pas moins ; par un hasard assez extraordinaire, il s'était trouvé que Berniquet lui avait donné une monture excellente, et comme nos aventuriers marchaient à petites journées, ménageant fort leurs bêtes, le cheval de Nicolas était plein d'ardeur et sous la main de son cavalier, stimulé par ses coups de talons, s'était emporté et volait comme une flèche.

Nicolas s'occupait bien plus d'augmenter une ardeur qui servait sa furie que de la contenir ; Louis allait vite, mais ne le rejoignait pas, et jurait entre ses dents que le sauteur était possédé du diable. Pour l'arrêter, il criait tout en allant :

— Belavoir ! Nicolas ? Nicolas Belavoir, mon petit gouverneur, mon brave garçon. Hohé ! attendez-moi, je viens avec vous combattre le mangeur d'enfans. Têtu ! ani-

mal! imbécile de Belavoir, es-tu enragé?
Attends-moi! veux-tu m'attendre ou je me
mets à jurer tous les juremens que je connais, et je te ferai dresser les cheveux sur
la tête. Ventrebleu! corbleu! morbleu!...

La kyrielle commença et s'acheva sans
que Belavoir s'en fût seulement occupé. Il
allait toujours courant, et de fait, s'il avait
voulu arrêter son cheval, il n'aurait pas pu
le faire. Mais il n'y songeait pas; sa fureur,
loin de diminuer, augmentait de toute l'a-
gitation que cet exercice inusité donnait à
son sang; il aurait en ce moment affronté
Charlemagne lui-même, s'il l'avait eu en
face!

— Ah! murmurait-il tout en courant, il
ne sera pas dit que Belavoir aura eu un
pareil crime sur la conscience. Il faut que
j'arrête ce prince et que je tue ce majordome
qui m'a ruiné. Sans lui, je serais aujour-

d'hui riche, et même richissime, ce digne prince me l'avait promis; et je promènerais à travers les champs M. le baron et mademoiselle, dans des litières toutes dorées! Mais cela ne se passera pas ainsi. Je vais assommer pour tout de bon le majordome et livrer le prince, cet assassin, à la justice! Potence, potence! Roue, roue! Gibet, corbleu! En avant, Belavoir! Ah! enfin, les voici!

En effet, devant lui, à une portée de mousquet, marchaient les litières portées sur des mules, puis les pages et les hommes d'armes.

A ce moment, il vint un brin de réflexion à l'esprit de Belavoir. Il était brave, mais prudent. Il cessa ses vociférations.

— Ouf, dit-il attristé, je ne puis cependant pas exterminer tous ces messieurs-là. Commençons par ruser.

Il voulut arrêter son cheval, mais il s'aperçut qu'il ne pouvait pas. Il tira les rênes; le coursier entêté n'en alla que plus vite. Il tourna la tête par ce sentiment naturel qui fait regarder le lointain où l'on voudrait bien être, et il aperçut le baron qui galopait de son mieux, mais sans espoir de le rejoindre. Alors, il s'abandonna à son sort et ferma les yeux, sûr qu'il allait être jeté par terre, et faire de très-mauvaise besogne. Il arriva ainsi à portée de voix de l'escorte.

Les cavaliers étrangers, en voyant ce gaillard qui leur courait après, sabre nu, furent d'abord un peu étonnés... mais comme il n'était suivi que d'un seul homme, qui était encore fort loin, ils le jugèrent, non ennemi, mais fou.

— Allons, lui crie un des soldats, veux-tu t'arrêter, drôle, ou je t'extermine.

Mais Belavoir n'était pas maître d'accéder à ces douces paroles. Il continua sa route. Le soldat se mit en travers, leva sa lance et voulut lui en bâiller un bon coup dans les reins. Nicolas para avec sa dague, et sa bête entêtée allant donner au travers de la monture de son adversaire avec toute la puissance de son élan, la jeta sur un autre, puis celle-ci sur un autre encore, de sorte que trois cavaliers furent renversés comme des capucins de cartes.

. Ce fut alors une confusion et des hurlemens à ne pas s'entendre. Les personnes qui étaient dans les litières en levèrent les rideaux pour voir ce qui se passait, et dans ce moment Nicolas alla donner du nez contre un des véhicules ; son cheval s'abattit et lui avec, car une pertuisane lui tomba sur la tête ; il roula avec sa monture dans la neige.

— Ah! mon Dieu! mon pauvre gouverneur, s'écria le baron en le voyant tomber.

— Ah! mon Dieu! nous sommes assassinés par des voleurs, s'écria une voix féminine.

Bien que tout entier au malheur de Nicolas, Louis leva les yeux et aperçut derrière les rideaux de la litière une dame qui avait une figure charmante.

XIII.

On voit poindre, à la fin de ce chapitre, un personnage qui mérite d'intéresser par sa grande sensibilité.

Je disais donc, à la fin du précédent chapitre, que tout en se jetant à bas de son cheval pour venir au secours de Belavoir, Louis n'avait pu s'empêcher de lever la tête au cri poussé par une voix féminine, et qu'il avait aperçu le visage d'une jeune dame auquel l'effroi qu'elle paraissait éprouver n'ôtait absolument rien de ses grâces.

Comme avant tout, un gentilhomme se doit à lui-même d'être poli, le baron ôta son bonnet et salua.

Dans ce même moment, un jeune seigneur fort bien tourné, poussa son cheval de son côté et lui dit :

— Veuillez, monsieur, m'expliquer, je vous prie, la cause de ce tumulte. Pourquoi cet homme nous a-t-il poursuivis le sabre à la main? Il est fou, sans doute, car je ne puis lui supposer de mauvaises intentions. Il me suffit de vous voir pour comprendre qu'il est, sans doute, à votre service, et vous ne m'avez pas la mine d'un coureur de grande route.

— Monsieur, répondit le baron, vous avez parfaitement raison de me croire honnête homme; mais donnez l'ordre, je vous prie, à vos soldats, de ne pas menacer ainsi mon pauvre compagnon, car je vous avertis que plutôt que de souffrir qu'il lui soit fait plus de mal qu'il n'en a, je casserais volontiers la tête à quelqu'un.

— Ce qui serait d'autant plus inutile, qu'étant seul contre tant de monde, vous finiriez par vous en mal tirer. Allons, mes amis, laissez le valet de ce gentilhomme. J'attends maintenant votre explication, monsieur.

— Elle est fort difficile à donner, répondit Louis en se grattant l'oreille; j'avoue que je ne comprends en aucune manière pourquoi mon gouverneur vous a couru après. Il a tout-à-l'heure parlé d'enfant volé, d'enfant assassiné, et je ne l'avais jamais cru porté à la folie. Tout-à-coup, il a pris sa course, sans que personne eût le temps de le retenir, pour vous courir après, et vous voyez que je le poursuivais pour éviter un malheur. Je suis arrivé trop tard. Laissez-moi voir s'il est dangereusement blessé.

Au mot d'enfant volé, le jeune seigneur avait pâli d'une façon qui eût été remarquée de toute autre personne que Louis.

Mais le baron n'était pas observateur, et en ce moment surtout, il était fort préoccupé de la situation de son ami, et donnait ces explications sans trop y prendre garde. Il avait à peine cessé de parler, qu'il s'était mis à genoux auprès du corps de Belavoir, et ayant pris le pauvre diable dans ses bras, il l'avait à demi-relevé.

— C'est lui, grand Dieu! c'est lui! murmura l'étranger.

Il remonta à cheval, dit quelques mots en langue étrangère aux cavaliers qui l'entouraient, et tout-à-coup, Louis absorbé dans l'examen de la physionomie du blessé, entendit autour de lui un grand tapage. C'était la caravane qui se remettait en route, et qui même partait fort grand train.

Un tel procédé surpris et indigna La Mothe-Baranne.

— Quoi, messieurs, s'écria-t-il, vous nous laissez là sans secours? Êtes-vous donc des mahométans, des juifs ou des païens, que vous ne pratiquez pas mieux la charité?

Malgré cette vigoureuse apostrophe, rien ne parut touché. Les litières et les cavaliers continuèrent leur route, et le jeune homme n'eut d'autre ressource que de crier de violentes injures à tous ces mauvais Samaritains.

Les injures, hélas! ne tiraient pas Belavoir de son évanouissement. Louis le comprit enfin, et le prenant dans ses bras, car le jeune baron était très-vigoureux, il le souleva, le porta contre un arbre et vit qu'il n'avait reçu aucune blessure sérieuse. Seulement le bois de la pertuisane, abaissé un peu vivement sur sa tête, l'avait cruellement noirci; il avait un œil bleu et une partie du visage rouge.

Louis, pourtant, qui n'était pas sans avoir quelqu'habitude de ces sortes d'affaires, s'aperçut aisément qu'il n'était qu'étourdi, et qu'avec l'aide d'une légère saignée, son brave gouverneur serait promptement remis sur jambes.

— Voilà une sotte expédition, se dit-il néanmoins; quand Belavoir me fera de la morale, je lui rappellerai cette affaire-ci. Mais que peut-il avoir de commun avec ce seigneur et cette charmante dame? Cette histoire-là doit être curieuse; je suis sûr qu'elle tient par un fil quelconque à ce grand crime dont il parle quelquefois d'un air mystérieux ! Il faudra que je m'en informe.

Il alla reprendre le cheval de Belavoir, auquel sa course forcée avait singulièrement rabattu le courage, il mit le maître dessus, tête de ci, jambes de là, comme un sac de farine, et s'en revint au petit pas du côté de l'auberge. Il n'avait pas fait cent pas, que Belavoir se laissa tomber sur la neige. Louis vint à son secours et voulut le remettre dans la même position.

— C'est inutile, dit Nicolas d'une voix faible. Je sens bien que je vais mourir ici. Adieu ! monsieur le baron ; adieu, mademoiselle ; adieu, mon pauvre pupille, que je n'ai pu venger comme je l'aurais voulu ! N'importe, je meurs honnête homme, et si je n'avais sur la conscience le chapeau et le manteau de cet animal de Brillache... Enfin, suffit, mademoiselle, adieu !

— Que me chantes-tu là? s'écria Louis, tu parles comme une pie et tu veux que je te croie mort. Tu n'as reçu qu'un camouflet, mon ami, et demain tu n'en seras que plus gaillard.

— Vous vous trompez, reprit Nicolas de la même voix sépulcrale, je sens que les sources de la vie doivent avoir été atteintes. J'ai vu tous les lustres du paradis en recevant cet affreux coup de massue.

— Allons, ouvre les yeux!

Nicolas n'ouvrit qu'un seul œil d'abord, comme pour essayer ses forces, puis il ouvrit l'autre, et il fit une très-piteuse mine. Puis il étendit ses longs bras et les détira avec un bâillement effroyable, enfin, il secoua ses longues jambes, et, avec l'aide de Louis, il réussit à se mettre debout.

— Tu vois, lui dit son élève, que tu es encore au nombre des vivans.

— Hé! hé! répondit Belavoir en prenant un air fat un peu différent de la mine abattue qu'il quittait, notre constitution est bonne, Dieu merci! Et nous savons ce que c'est que de se relever après un orage. Ce n'est pas la première fois de ma vie que j'ai été jeté par terre!

— Et il faut espérer que ce ne sera pas la dernière, si tu continues à attaquer ainsi les gens sans raison.

— Je ne suis pas un fier-à-bras, continua Belavoir, mais il me semble que j'ai fait mordre la poussière à autant de gens que Roland en tua à Roncevaux avant d'expirer...

— De cet exploit-là, mon bon ami, ne t'en vantes pas; il revient de droit à ton cheval. A lui la gloire, à toi les coups!

— Vraiment, reprit Nicolas en se frottant la tête, je sens encore des tintemens dans les oreilles et mes yeux voient passer des myriades d'étincelles. Je vais aller me mettre au lit, faire appeler un barbier pour qu'il me saigne, et boire un grand pot de vin chaud.

— Tudieu! comme tu entends la médecine! Mais je suis de ton avis, nous serons mieux à l'auberge qu'ici. Viens que je t'aide à remonter sur ton cheval, et en route!

Belavoir souffrait beaucoup et ses forces étaient bien petites. Il eut grand besoin de l'aide du jeune homme pour se remettre en selle; il n'y parvint pas sans pousser des gémissemens terribles, et quand il y fut, il trouva qu'il lui était impossible de supporter le trot, ni le galop. Il fallut donc s'en revenir au pas, et nos deux aventuriers reparurent ainsi à l'auberge dans un appareil beaucoup moins belliqueux qu'ils n'en étaient partis.

Charlotte était dans la cuisine, auprès du feu, entourée de la famille de l'hôte, et, quand on eut porté Belavoir dans son lit, elle se fit faire un discours très-circonstancié de ce qui était advenu. Son frère raconta tout ce que ses yeux lui avaient appris; mais, par prudence (on voit que les conseils de Belavoir tombaient en bonne terre et fructifiaient déjà), il resta muet sur ce que ses oreilles avaient entendu, et particulièrement sur les commentaires qu'il y avait ajoutés. Il pensait qu'il n'était pas bon de parler de mystères devant tant de servantes et de bonnes femmes affriandées de secrets, et trop habiles à s'entretenir des affaires de leur prochain.

Un valet avait été chercher en toute hâte le barbier du village le plus proche; de sorte qu'une bonne saignée ayant été pratiquée au saltimbanque, toutes les têtes prudentes de l'assemblée déclarèrent unanimement qu'il était hors de tout danger. Cette opinion fut acueillie par tous les assistans avec beaucoup de satisfaction, car, bien qu'arrivés depuis bien peu de temps, le baron et sa sœur avaient déjà conquis une certaine popularité.

Il n'est rien de tel que la jeunesse et la bonne humeur pour se faire aimer des gens du peuple en notre pays. La jeunesse et la bonne humeur font croire, en général, à l'absence de toutes prétentions, et celui qui est censé ne prétendre à rien est censé, en même temps, supporter avec une facilité d'autant plus grande les prétentions des autres. Notre peuple aime à s'élever, à se frotter à ses supérieurs, et lorsqu'on lui tend la main d'en haut, sa vanité s'en réjouit.

Charlotte était donc entourée de la femme et des deux filles de l'hôte, et de ses deux servantes, comme une damoiselle très-débonnaire, et dont on pourrait plus tard revendiquer avec orgueil la familiarité.

L'hôte était le seul qui paraissait mal porté pour les arrivans; il avait conservé un bon souvenir du grand prince qu'il avait logé la veille, et, satisfait à peu près des pistoles qu'il en avait reçu, il n'était pas content d'en entendre médire; aussi, à toutes les malédictions que ses servantes et ses valets lançaient, comme des ingrats qu'ils étaient, contre les illustres voyageurs qui avaient mis Belavoir en si mauvais état, il répondait par des regards féroces et des grognemens sourds.

— Que mes gens sont bêtes, se disait-il en lui-même, comme s'ils connaissaient le fond de la bourse de ces nouveaux venus; il leur font des chères comme à des cardinaux. Il faut attendre avant que de juger;

et l'escapade de ce grand drôle rouge ne me prévient que médiocrement en sa faveur.

Lorsque l'heure de se coucher fut arrivée, comme l'auberge était occupée, il fut convenu que Charlotte prendrait la moitié de la chambre des filles de l'hôte, et que son frère coucherait dans celle de Belavoir.

Cet arrangement plut beaucoup à Louis; il fut aussi très-agréable à mademoiselle Madelon; comme on va le voir, l'un et l'autre avaient leurs motifs.

Lorsque toutes les mesures eurent été bien prises et que les logemens furent marqués, le soir étant venu, on tomba universellement d'accord qu'il ne restait rien de mieux à faire que de gagner chacun son gîte. L'hôte envoya ses valets dans l'écurie et dans le grenier, ses servantes dans leurs mansardes, sa femme dans sa chambre, ses filles et Charlotte dans leur réduit, et Louis alla rejoindre Nicolas en une petite salle basse au rez-de-chaussée, où on avait eu le bon esprit d'allumer un très-grand feu devant lequel chauffait la tisane que s'était prudemment ordonnée le blessé.

Le jeune baron aperçut dans un coin une petite table et un grand fauteuil qui, pour être revêtu d'une tapisserie délabrée, n'en avait pas moins un dossier fort long et renversé commodément, et suffisamment rembourré.

Il approcha ce meuble estimable du feu, et ayant tiré ses bottes qui le gênaient et ouvert son pourpoint sans façon, il déclara qu'il allait passer là sa nuit, d'autant mieux que si Belavoir n'avait pas envie de dormir, il était, lui, en humeur de jaser.

Notre ami Nicolas, sans malice, ne prévit pas où ce préambule allait le conduire, et ayant convié son élève à partager sans façon sa tisane, il déclara, que tout malade qu'il était, un bout de conversation ne lui serait pas désagréable.

Louis commença donc son interrogatoire.

Mais mon intention n'est pas de faire assister le lecteur à ce colloque, avant de l'avoir initié à d'autres confidences qui se faisaient en un coin différent de la maison ; je veux parler du réduit où, sur l'invitation de l'hôtesse, Charlotte s'était retirée avec les deux filles de l'hôte.

Le lecteur sagace aura supposé déjà que des jeunes filles ne pouvaient raisonnablement s'endormir sans avoir causé quelque peu ; mais il aura pu croire que la conversation de nos trois belles ne vaudrait pas la peine d'être conservée. Il s'est trompé très-fort, et nous allons la dire.

A peine Madelon eut-elle entendu la porte se fermer derrière elle, Charlotte et sa sœur, que sa figure, déjà un peu triste dans la journée, commença à s'altérer davantage, et quelques larmes roulèrent dans ses yeux.

Madelon, pour être une beauté villageoise, n'en était pas moins attrayante et digne même de retenir les regards d'un honnête homme. Elle avait de fort jolis yeux, de bonnes joues roses avec des fossettes, des lèvres appétissantes comme des cerises, et elle n'était pas mal prise en sa taille. Comme sa sœur était moins jolie et plus jeune d'un an ou deux, c'est-à-dire pouvant avoir quatorze ans, Charlotte s'était trouvé portée naturellement à lui accorder ses préférences....

Quand elle la vit se préparer ainsi à s'affliger :

— Qu'avez-vous, ma bonne Madelon? lui dit-elle; d'où vient ce chagrin si subit?

— Chut! répondit l'autre, Toinon; ne parlez pas si haut, mademoiselle, car si notre mère vous entendait, elle viendrait encore battre Madelon, comme elle le fait tous les jours.

— Je vais parler bien bas, répondit Charlotte, mais je ne puis comprendre la cause de cette cruauté; une mère est ordinairement plus douce, et il faut que votre sœur se soit rendue coupable d'une grande faute pour mériter un châtiment pareil.

— Sa faute, répondit Toinon, si c'est une faute, ce que mon âge ne me permet pas d'ailleurs de juger, est un secret qui lui appartient et que je ne veux pas vous révéler sans sa permission. Interrogez-la vous même, et si elle le juge à propos, elle vous instruira de ce que vous désirez savoir.

Charlotte se tourna du côté de Madelon, et elle la vit appuyée du coude sur l'étroite fenêtre de la chambrette et pleurant à chaudes larmes, mais en silence.

Une telle douleur ne messéyait pas à la jeune paysanne, et c'était bizarre, car ses traits paraissaient beaucoup mieux faits pour exprimer la joie que la douleur; mais il y avait quelque chose de si touchant dans la manière même dont elle était appuyée contre la muraille, regardant la campagne à travers la vitre, que Charlotte ne put s'empêcher de lui jeter les bras autour du cou, et de lui dire :

— Je vous en prie, ma chère Madelon, ne pleurez pas ainsi! Votre peine m'afflige beaucoup, et il me semble que si vous voulez me la confier, je pourrais peut-être la soulager!

— Oh! mademoiselle, répondit Madelon en rendant avec assez de bonne grâce baiser pour baiser, vous êtes déjà bien bonne de me plaindre, et je vois que votre cœur est compatissant! mais vous ne pouvez rien pour moi! Mon malheur est irréparable, et je crois bien que je m'en vais m'acheminant vers le cimetière, car je pleure tant et tant et si souvent que sainte Magdelaine elle-même n'y pourrait résister et en ferait une maladie si elle était à ma place.

— Je t'en prie, Madelon, dit la prudente Toinon, si tu veux raconter tes chagrins à mademoiselle, commence par parler bas, ou pour mieux dire couchons-nous, éteignons notre lumière, et tu parleras tout à ton aise dans le lit où nous aurons d'ailleurs plus chaud. Moi, comme je connais ton histoire, je prêterai l'oreille aux bruits qui pourraient venir du corridor, et j'empêcherai ainsi que notre mère ne vienne nous donner des tapes, comme elle a fait la nuit dernière, à toi pour avoir parlé et à moi pour avoir écouté.

L'avis de mademoiselle Toinon était excellent, et par hasard il fut suivi ; c'est le sort de toutes les bonnes choses, et en particulier des bons conseils d'être rarement acceptés. Mais cette fois-ci, la sagesse n'eut pas à soupirer, et les trois jeunes filles s'étant déshabillées, l'une l'autre, en un tour de main, se mirent dans leurs lits, et, tirant sur elles les couvertures, commencèrent par grelotter pendant quelques instans, car le lecteur ne doit pas perdre de vue qu'on était en décembre. Puis la chaleur ayant commencé à leur revenir, Charlotte fut la première à rappeler à Madelon que ses larmes ne devaient pas avoir coulé pour rien, et qu'elle avait quelque chose à raconter.

— Que vous êtes bonne, mademoiselle, répondit la paysanne en serrant la main de la jeune fille dont la tête reposait assez près de la sienne, de me rappeler une promesse qui doit vous intéresser si peu! Mais puisque vous me parlez avec tant de bonté, peut-être le ciel veut-il mettre fin à ma douleur en m'envoyant une personne qui pourra me secourir dans mon chagrin. Vous êtes noble, vous êtes riche, sans doute, et sans doute aussi vous allez ou vous irez à la cour. C'est là seulement que je puis espérer secours contre le désespoir qui m'accable.

Charlotte, comme on le pense bien, n'en était plus, toute jeune qu'elle était, à s'apercevoir que la fille de l'hôte avait des sentimens au-dessus de son état; aussi attendait-elle ses confidences avec une impatience que je voudrais bien, hélas! moi, pauvre auteur, voir partager par ceux qui me lisent.

Madelon ne la fit pas languir plus long-temps, cette compatissante Charlotte, et elle commença son récit en ces termes :

— Mademoiselle, toute paysanne que je suis, j'ai reçu une excellente éducation, j'ose m'en vanter. Ma mère, dans mon enfance, était blanchisseuse des dames de la Visitation, qui ont leur couvent à quelques lieues d'ici, et madame la supérieure eut la bonté de me prendre en amitié. Elle m'apprit elle-même à lire et à écrire, à chanter le latin comme il convient, à jouer un peu de la mandoline, et même à danser plusieurs pas qui ne sont pas sans agrément. Vous voyez que j'avais de quoi penser plus noblement que la plupart de mes compagnes.

— Ma sœur, dit Toinon, parlez plus bas, à moins qu'il ne vous convienne de voir arriver ma mère et ses soufflets.

Madelon continua d'un ton plus bas à décrire ses qualités.

— On m'assurait partout que j'étais jolie, et je le croyais sans peine; je n'avais pas besoin de me regarder au miroir ni dans le courant des ruisseaux pour m'en assurer; je n'avais qu'à jeter les yeux sur tous les jeunes garçons que je rencontrais sur mon passage, pour m'apercevoir que ma présence ne déplaisait pas généralement. Sans doute, mademoiselle, vous qui êtes si jolie, vous avez dû en avoir les mêmes revenant-bons.

— Vraiment, dit Charlotte en rougissant malgré elle, je ne me suis jamais aperçue de pareille chose, et quand je vois des hommes, je ne me soucie pas le moins du monde de ce qu'ils éprouvent pour moi.

— Heureuse indifférence, dit Madelon en poussant un profond soupir. Vous la perdrez quelque jour, comme j'ai fait; et quelque jour aussi, comme moi, vous vous apercevrez que votre cœur vous a été donné, non pour vous faire vivre, mais pour vous faire souffrir.

Ici Madelon poussa un soupir des plus creux, et elle se tut un instant. Elle ouvrait la bouche pour continuer sa pathétique histoire, quand soudain le prélude d'une guitare se fit entendre sous la fenêtre.

Madelon poussa un cri que la sage Toinon étouffa aussitôt en lui jetant l'oreiller sur la tête.

FIN DU PREMIER VOLUME.

LA FERTÉ-S-JOUARRE. — IMP. DE GUÉDON.

PUBLICATIONS PROCHAINES :

LE DERNIER ROI
Par ALEXANDRE DUMAS.
Ouvrage complétement inédit.

DERNIER RÊVE DE JEUNESSE,
Par ED. de BEAUMONT-VASSY.

MÉMOIRES DE TALMA
ÉCRITS PAR LUI-MÊME
ET RECUEILLIS
Par ALEXANDRE DUMAS.
Tomes V et VI.

UN NOUVEAU ROMAN
Par MAXIMILIEN PERRIN.

LE GOLGOTHA DES MARCHANDS
Par ALFRED VILLENEUVE.

LES PROSCRITS DE SYLLA
Par FÉLIX DERIÉGE.

UN NOUVEL OUVRAGE
Par ALPHONSE BROT.

LES SOUPERS DU DIRECTOIRE
Par Jules de SAINT-FÉLIX.

Paris. — Imprimerie de H. V. de Surcy et Cⁱᵉ, rue de Sèvres, 37.

www.ingramcontent.com/pod-product-compliance
Lightning Source LLC
Chambersburg PA
CBHW060331170426
43202CB00014B/2746